Franz Buecheler

Grundriss der lateinischen Deklination

Franz Buecheler

Grundriss der lateinischen Deklination

ISBN/EAN: 9783744606103

Hergestellt in Europa, USA, Kanada, Australien, Japan

Cover: Foto ©Thomas Meinert / pixelio.de

Weitere Bücher finden Sie auf **www.hansebooks.com**

GRUNDRISS

DER

LATEINISCHEN DECLINATION

VON

FRANZ BÜCHELER.

MIT DES VERFASSERS ERLAUBNISS UNTER BENUTZUNG DER
FRANZÖSISCHEN ÜBERSETZUNG VON M. L. HAVET
AUFS NEUE HERAUSGEGEBEN

VON

J. WINDEKILDE.

BONN,
EMIL STRAUSS.
1879.

Die vorliegende neue Ausgabe von Franz Bücheler's Grundriss der lateinischen Declination ist von dem Herausgeber unter Benutzung der französischen Uebersetzung von M. L. Havet bearbeitet.

Herausgeber und Verleger glauben mit derselben dem Bedürfnisse Vieler entgegen zu kommen, da das hochgeschätzte Originalwerk seit vielen Jahren vergriffen, selbst für sehr hohe Preise nur äusserst selten antiquarisch zu beschaffen war.

Herr Professor Bücheler willigte auf die Bitte des Herausgebers mit dankenswerther Bereitwilligkeit unter Verzicht auf jede Entschädigung darein, dass diese neue Ausgabe erscheine, indem er bestimmte Punkte des Buches bezeichnete, welche vor Allem der Berichtigung und zeitgemässen Umänderung bedurften, die Gestaltung des neuen Textes aber ganz dem Herausgeber überliess.

Es gehört demnach die Verantwortung für das neue Erscheinen des vorliegenden Buches und für die Form in welcher es erscheint dem jetzigen Bearbeiter und dem Verleger, nicht dem ursprünglichen Autor.

Herrn Dr. Wilh. Förster gebührt für gewissenhafte Correctur während des Druckes, welche zu übernehmen er die Güte hatte, besonderer Dank.

Bonn, Januar 1879.

Die Verlagsbuchhandlung
Emil Strauss.

Vorbemerkungen.

1. Die lateinische Sprache decliniert ihre Nomina und Pronomina durch den Antritt gewisser Suffixe, Casusendungen, an den Stamm, die Grundform, wobei der Stamm mit den Suffixen zu einem Worte verschmolzen wird. Da die Suffixe durchweg die gleichen sind und die Mannigfaltigkeit der Declination auf der Verschiedenheit der mit den Suffixen zusammengewachsenen Stämme beruht, so muss jede wissenschaftliche Uebersicht der Declination von den Stämmen ausgehen.

Die Stämme.

2. *Mehrere Stämme aus einer Wurzel.* Vergleicht man die Nominative *penus* und *penum* (älter *penos* und *penom*), die Genetivo *penūs* und *penoris*[1]), so ersieht man wie die Sprache von der Wurzel *pen* durch Anlehnung an das Gebiet des Vocals *o* oder *u* oder Weiterbildung mit *or* (älter *os*) die im Gebrauch nicht unterschiedenen Nominalstämme *peno penu penos* abgeleitet hat. *itineris* neben dem selteneren *iteris*[2]), *femine* neben *femur*[3]) *pecui pecudi pecori*[4]) reichen aus den ursprünglichen Reichthum der Sprache in Ausbildung von Wurzeln zu Nominalstämmen zu veranschaulichen.

---

1) Gellius 4, 1. — Priscian. *De nom. et pronom. et verbo* p. 1303 P. p. 445 n° 9. Hertz: *penus et specus tam masculini quam feminini et neutri generis inveniuntur, et secundae et tertiae et quartae declinationis ut hic et haec penus huius peni, et hoc penus penoris, et hoc penum peni, et hoc penu huius penu.*

2) Priscian 6, p. 695. P. 229, 4. Hertz: *Naevius in Lycurgo: ignoti iteris sumus.* Die für die nachhadrianische Zeit so lehrreichen „hermeneumata", welche so eben vollständig veröffentlicht sind (*Notices et extraits*, t. 23, 2), verzeichnen p. 382 die zwei Formen ἀοραπός itiner, ἀοραπός iter.

3) Plaut. *mil. glor.* 203. 204 in *femine habet laevam manum, dextera digitis rationem conputat ferit femur.*

4) Lucilius (ap. Gell. 20, 8.): *et pecui addit.* Nonius 159, 4 *pecua et pecuda.*

3. *Verstümmelte Stämme.* In der historischen Periode der lateinischen Sprache tritt bisweilen eine Art von Rückbildung ein, indem vocalische Grundformen abgeschliffen und durch consonantische ersetzt werden: über den Stamm *ossu* (Nom. plur. *ossua*[1])) erhält *os* (statt *oss*, da das Latein Doppelung des Consonanten im Auslaut nicht verträgt[2]), Nom. plur. *ossa*) das Uebergewicht; augusteisches *innocua* wird im Volksmund verkürzt zu *innoca* und weiter zu *innoc-s*, das ist *innox*[3]), der gewöhnlichen Schreibung auf christlichen Inschriften.

4. Häufig ist diese Erscheinung bei *e*- und *i*-Stämmen, weil *e* und *i* als die leichtesten Vocale am ersten abfielen. *plebes plebei* und *plebis* folgen der *e*- und *i*-Declination, in *plebs* endet die Grundform consonantisch. *merces* bedeutet „die Waare" noch bei Petronius *sat.* 14[4]) gleich *mercis*, *merx* und mit ausgestossenem Guttural (wie in *sescenti*[5])) *mers* (§ 20). Denselben Uebergang zeigen *stirpes*[6]) *stirpis*[7]) *stirps*, *Opis*[8]) *Ops*, *scrobis*[9]) *scrobs*[10]); namentlich das Wortbildungssuffix *ti* hat den Vocal regelmässig eingebüsst, die plautinischen Formen *Sarsinatis infumatis quoiatis*[11]) werden in *Sarsina(t)s infumas quoias*[12]) gewandelt, *partis lentis sortis*[13]) in *pars lens sors;* die Haltlosigkeit des Vocals in jenem

---

1) *Corp. inscr. lat.* v. 1. n° 1010: *Primae Pompeiae ossua heic.* Gruter, *inscr. antiquae.* 575, 3: *ossua posita sunt VI idus novemb.*

2) Ueber den Stamm *oss* cf. n° 26

3) Fabretti, *inscriptionum antiquarum explicatio* p. 252 n° 39: *hic posita est anima dulces, innoca, sapiens et pulchra.* Für *innox* v. Reinesius *Syntagma inscriptionum antiquarum, classis* 20 num. 144, 145 et 317.

4) Petron. *satyricon* 14. *ergo iudicium nihil est nisi publica merces.*

5) *Monum. Ancyr.* 1, 19. *sescen(t)is; 3, 25. sescentiens.*

6) Liv. 41, 8, 10. Mss.

7) Liv. 1, 1, 11, Mss.

8) Pl. Bacchides 892: *ita me — — Opis — — ament.*

9) Columella 5, 6: *scrobis fieri debet latus pedum duorum.*

10) Columella 5, 5: *ne protinus totus scrobs terra compleatur.*

11) *Mostellaria* 770: *quid, Sársinátis éequnast, si Umbram nón habes?* *Stichus* 492: *summátés viri | summi áccubent, ego infumátis ínfumus. — Poenulus,* prolog. 109: *unde ést, quoíntis, cúptane an subrépta sit. — v.* 968: *qui sit, quoíatis, unde sit. —* Nonius 426, 21: *cuius ad personam refertur hominis; cuiatis unde significat.* Attius Telepho: *qui neque, cuiatis esset, unquam potuimus | multa erogitantes, sciscere.*

12) Nach Forcellini *sd.* Nominativ *cuias (quoias)* von Priscian zugelassen, aber man hat kein Beispiel. Neue (*Formenlehre der lat. Sprache* II[1] p. 16) citirt Livius 27, 19, 9.

13) Priscian 7, p. 764 P. p. 341, 22. Hertz: *lentis quoque pro lens.* Plaut. *Casina* 272: *vide ne qua illeic insit alia sortis sub aqua.*

Suffix erklärt, warum so viele Nomina, deren Accusative vorliegen, wie Pl. *Bacch.* 497 *ad fatim Muesilocci curast*, von der Sprache nicht ausgebildet sind. Durch diese Wandelungen ward jene Vermischung von *i*-Stämmen und consonantischen angebahnt, welche in der Flexion beider herrscht und die verschiedene Ausprägung desselben Casus herbeiführt: *mensium* ist von der Grundform *mensi* abgeleitet, *mensum*[1]) wie von *mens*, das griechischem μήν und μείς näher kommt.

5. Im Uebrigen aber bleibt bei Declination des Nomen Regel, dass die nach den Casus wechselnden Suffixe an die gleiche Stammform angesetzt werden. Ausnahmen, wie wenn der Nominativ gegen andere Casus einen volleren Stamm zeigt in *senex*, das übrigens in der Aussprache des sechsten Jahrh. d. St. nicht schwerer wog als *senes* oder *sens*, einen kürzeren in *supellex*, bestätigen nur die Regel.

6. *Kein Stamm endet auf einen Diphthong.* Die Nominalstämme lauten consonantisch oder vocalisch aus; diphthongische Grundformen kennt das alte Latein nicht: griech. ναῖς lat. *navis*, gr. βοῦς lat. *bovis*[2]) oder *bos* aus *bovs*, gr. Ἀχιλλεύς Θησεύς lat. *Aciles Teses*[3]), da vor Ennius Consonanten nicht gedoppelt, vor Sulla Mutae nicht aspirirt wurden, später nach den griechischen Formen *Achilleus* mit gesonderten Vocalen (viersilbiger Genetiv *Achillei*[4]), Dativ *Achilleo*[5])). wiewohl sie bei den neoterischen Dichtern meist der Synizesis unterliegen. Der Himmelsgott der Griechen Ζεύς heisst im Latein *Diovis*, oder mit Wegfall des *d* *Jovis*, in dieser Form häufig bei älteren und jüngeren Schriftstellern; auf einer unlängst in Präneste gefundenen Ciste findet sich *Jovos* (*Ephemeris epigraphica* I Berol. 1872 p. 14 n° 21). Von diesem *Jovos* konnte füglich *Jus* herkommen (cf. die Doppelform des Compositums *Vedioris* und *Vedius*). Dieser Wechsel der Endsilbe beweist, dass *Diov-* nicht *Diovi* der einzig lebensvolle Stamm war.

7. *Verschiedene Declinationen.* Die consonantische Declination, gewöhnlich als die dritte gezählt, umfasst die mannigfachsten Stämme. An sie schliessen sich zunächst die halbconsonantischen Vocale *i*, der dritten zugerechnet, und *u*, die vierte. Daneben

---

1) Ovid. *Metam.* 8, 500 *et quos sustinui bis mensum quinque labores.*
2) Petron. *satirae* 62. *incebat miles meus in lecto tanquam bovis.* Varronis *Satir. fragm.* 3 (edit. Bücheler mit Petron. Berl. 1871): *mugit bovis.*
3) *Corp. inscr. lat.* n° 1500 et 1501.
4) Horat. *Epod.* 17, 14: *heu pervicacis ad pedes Achillei.*
5) Mommsen, *Inscr. regni Neapolitani latinae* n° 1585; *A. Castricio Achilleo patri, Calcine Isidorae matri… parentibus.*

6

steht die *a*-Reihe, von Anfang an im Latein gespalten in die Vocale *a*, *e* und *o*: so ergiebt sich eine *a*-Declination, die erste, eine *e*-Declination, die fünfte, eine wenig umfangreiche Spielart der ersten, wie im Griechischen beide zusammenfliessen, eine *o*-Déclination, die zweite.

8. *Pronomina.* Die Pronomina weisen mehrere den verwandten Sprachen grossentheils gemeinsame Abweichungen von der Nominal-Declination auf, das persönliche Pronomen durch den in der Natur der Sache begründeten Wechsel der Stämme (*ego nos*, ich wir), die geschlechtigen Pronomina durch die Aufnahme neuer Suffixe. (Neutrum. Sing. *quod*, Plur. *quae*.)

Numerus.

9. *Verschwinden des Dualis.* Das Latein unterscheidet Einzahl und Mehrzahl. Der *numerus dualis*, im gemeinen Griechisch mehr und mehr eingeschränkt, im Aeolischen und in den italienischen Dialekten verloren, begegnet nur noch in *duo* und *ambo* Nom. Acc. Masc. Neutr. (δύω ἄμφω): das Femininum und die andern Casus werden pluralisch flectiert; die pluralische Flexion setzte sich auch beim Acc. Masc. in der Schriftsprache fest (auf republicanischen Inschriften nur *duos* [1]), bei den ältesten Dichtern *duos* und *ambos* [2]) gleich häufig wie *duo* und *ambo*), und galt das Neutrum *dua* auch als Barbarismus [3]), so lebte es doch im Volksmund [4]) und ward zur Verfallzeit auch litterarisch aufgenommen [5]); *dua pondo*, was auch strenge Kritiker zuliessen, fällt in den Bereich des Ablativs.

10. Der Pluralis wird vom Singularis theils durch besondere Suffixe, theils durch Vermehrung des Singular-Suffixes mit *s* unterschieden.

Casus.

11. *Casus des Singular.* Sieht man auf den Abfall und die Verschleifung schwachbetonter Endungen, auf die dadurch erfolgte

---

1) *Corp. inscr. lat.* 1, n° 672: *c(uncos) duos in teatro faciendos coir(avere)*; — 1007 *gnatos duos creavit.*

2) *Terent. Adelph.* 5, 9, 5: *usque a pueris curavi ambos sedulo.*

3) Quintil. 1, 5, 14: *nam dua et tre et pondo diversorum generum sunt barbarismi: at duapondo et trepondo usque ad nostram aetatem ab omnibus dictum est, et recte dici Messala confirmat.*

4) Gori, *Inscr. antiq. graec. et roman. quae extant in Etrur. urbb.* 1, 412, 242: *columbaria dua.* — Muratori, *Novus thesaurus vett. inscr.* 1986, 7: *tribunalia dua.* — Fabretti, *Inscr. antiq. explic.* p. 14 n° 63: *vasa obrendaria dua.*

5) *Orestis tragoedia* 26: *post dua lustra. Dua pondo*, was selbst von strengsten Kritikern gebilligt wird wird als undeclinierbare Partikel gebraucht.

Aehnlichkeit und Vermengung der Casusformen, wie sie bald dargelegt werden soll, so nimmt es Wunder, dass die Schriftsprache noch sieben Singular-Casus mehr oder weniger ausgebildet zeigt: den Nominativ, Vocativ, Accusativ, Genetiv, Ablativ, Dativ und Locativ. Der Vocativ wird traditionell den Casus zugezählt, obgleich er weder äusserlich durch ein eigenes Suffix wie die übrigen Casus ausgezeichnet ist, noch das im Vocativ stehende Nomen, wie der Name Casus besagt, einem festen Zwang des Satzgefüges unterliegt, sondern loser und einer Interjection vergleichbar der Rede angereiht wird, wofür auch die Metrik der lateinischen Bühnendichter noch Zeugniss ablegen kann.

Den Vocativ hat das Latein von allen Casus am wenigsten ausgebildet, ihn ersetzt meist der Nominativ, bei ungeschlechtigen Wörtern immer. Auch der Locativ ist nur fragmentarisch erhalten, weil er früh mit gleichlautenden Casusformen verwirrt ward. Die Stelle des Instrumentalis verwandter Sprachen versieht im Latein, soweit dessen Geschichte hinaufreicht, der Ablativ.

12. *Casus des Plural.* Im Plural sind überall weniger Casus als im Singular entwickelt worden; wie viel geringer ist bei Plautus die Zahl der Plural- als der Singularformen von Nomina! Das Latein hat vier Plural-Casus: den Nominativ, der zugleich als Vocativ fungiert, den Accusativ, den Genetiv und den Dativ, der zugleich den Ablativ und Locativ vertritt.

Das Geschlecht.

13. Das Latein theilt die Wörter in geschlechtige und ungeschlechtige, die geschlechtigen in männliche und weibliche.

14. *Veränderlichkeit des Geschlechts.* Obschon die Anwendung des Geschlechtsbegriffes auf die Wörter so alt wie Adam und Eva ist und manche Dinge ausschliesslich als Masculinum, Femininum oder Neutrum gedacht sind, so finden doch viele Abweichungen des Latein von andern Sprachen statt (die Kraft des Weines z. B. respectiert der Römer weniger als der Grieche oder Deutsche) und viele Schwankungen innerhalb des Lateins selbst (*rinus mihi in cerebrum abiit*[1]) denkt der Bauer), zumal der archäischen und Vulgärsprache, welche beide ja getreulich alle Wege zusammengehen (vgl. *ramenta* und *ramentum*[2]), wie *caementa*[3]) und *caementum*,

---

1) Petron. sat. 41 extr.
2) Plaut. Bacch. 513: ramenta fiat plumea propensior (ap. Non. 222, 2); — 680: quia patri omne cum ramento reddidi.
3) Corp. inscr. lat. 1. n° 577. — Ennius, tragoed. 422 (ap. Non. p. 196, 50) caementae cadunt.

terminus und *termina duo*[1]) im Schiedsspruch der Minucier, *porticus* und *hasta* als Masculina[2]), *titulum*[3]) als Neutrum, *eum sepulcrum* und *hunc munimentum*[4])). Der Verfasser der *ars rhetorica Fortunatianus* (3, 4 in den *Rhetores latini minores* ed. Halm p. 123, 9) sagt, dass zu seiner Zeit (viertes Jahrhundert) die *Romani vernaculi* die meisten Neutra in Masculina verwandelten, *hunc theatrum* und *hunc prodigium*. Der Grammatiker Caper hat sich speciell' mit dem Wechsel des Geschlechts im alten Latein befasst und in der grammatischen Litteratur, welche wir besitzen, beziehen sich viele Nachweise und Monographieen auf diesen Gegenstand (cf. z. B. die Abhandlung „*de dubiis nominibus*", Keil, *Grammatici latini* 5 p. 567 ss.).

Nominalstämme, welche wir gewohnt sind nach der späteren Sprachentwicklung einem einzigen Genus zuzutheilen, wie *vic-tor*, *sta-tion*, *lu-men*, sind nicht von Ursprung an männlich, weiblich oder ungeschlechtig, wie *haec balneator hic optio hic flamen* beweisen[5]).

15. *Stammform und Genus.* Indem sich aber allmählig für ein bestimmtes Genus bestimmte Wortbildungs- und Stammformen festsetzten, gewann die Sprache eine Art lautlichen Hilfsmittels, um die Genera zu scheiden, sie räumte sogar dem lautlichen Elemente bisweilen den Vorrang vor dem logischen ein, wie in *Corinto deleto* der Mummiusinschrift[6]), wo das grammatische Geschlecht der meisten *o*-Stämme das natürliche Geschlecht der Städtenamen zurückgedrängt hat.

16. *Das Genus durch das Suffix bezeichnet. Unregelmässigkeit der Neutra.* Abgesehen von der Genusunterscheidung durch den Auslaut des Stammes macht sich auch innerhalb der Declination eine solche durch die Annahme oder Veränderung gewisser

---

1) *Corp. inscr. lat.* 1. n° 199 *ibi* od. *ibei terminus stat,* Zeile 7, 10, 11 etc. *ibi termina duo stant,* Z. 8.

2) *Inscr. regni Neap.* Mommsen 244: *porticum qui est ante aedem;* 883: *hastis puris duobus.*

3) Fabretti, p. 8 n° 47: *hoc titulum posuit.*

4) Gruter, 910, 7: *qui in eum sepulcrum est conditus;* 3 Zeilen weiter: *in hoc sepulcrum.* — 1133, 3: *hunc munimentum.* — Jahn, *spec. epigr.* p. 85. *quem st. quum.*

5) Serv. z. Verg. A. 12, 159. Neue, *Formenlehre* I² p. 606. 654. 671. Wenn man *hic turbo* und *hoc turben* vergleicht, so würde man *flamo* statt *flamen* erwarten; in der Bezeichnung der Würde, *flamonium*, hat sich der ursprüngliche Vocal erhalten.

6) *Corp. inscr. lat.* 1. n° 541.

Casus-Suffixe bemerklich. Hierher gehört die uralte Sonderung
der ungeschlechtigen Wörter von den geschlechtigen im Nominativ.
Im Singular benutzen jene dafür, während die geschlechtigen das
Zeichen *s* annehmen in *mon(t)s pe(d)s tristis fructus*, den nackten
Stamm iſ *caput cor* (für *cord*) *triste* (gleich *tristi*) *cornu*, und ersetzen bei den *a*-Stämmen den ·Nominativ durch den Accusativ in
novom donum, offenbar in dem Sinne, dass ihnen die volle Kraft
eines Subjects fehlt, nur die Wirkung eines Objects zukommt; denn
die Casusschöpfung ist nicht das Product einer in den Kreis sinn-
licher Anschauungen gebannten Kinderzeit, sondern setzt das Denk-
vermögen rein begrifflicher Verhältnisse mit Nothwendigkeit voraus.
Bei den Pronomina erscheint im Neutrum das Suffix *d* (*id* neben
is, ·*aliud* neben *alius*), welches in der Flexion sonst ablativisch
fungirt. Nur bei den sogenannten *Adjectiva immobilia* ist das *s*
des geschlechtigen Nominativs auch beim Neutrum aufgenommen:
dives steht als Neutrum anstatt *divit*, was die Sprache nie gebildet,
oder, da jenen Adjectiven meist vollere Formen zu Grunde liegen,
·anstatt *divite* und contrahirt *dite*, was die Sprache nicht begünstigt
hat. Das Vorkommen von „*Mycena dítís*" (*Priapea* 75, 2) liesse
jedoch *dite* erwarten. Den Plural Nom. Acc. bilden alle Neutra
mit dem Suffix *a*, *capita tristia cornua dona ea*.

17. *Das Femininum unterscheidet sich durch eine ursprüng-
lichere' Form.* ·Jünger zwar, aber gräcoitalisches Gemeingut ist
bei den sogenannten Adjectiven auf *us a um* die Unterscheidung
des Masculinum und Neutrum vom Femininum durch den Ablaut
des *a* zu *o*: ursprünglicher Stamm *nava* ohne Genusbezeichnung
lateinisch Masc. Neutr. *novos novom* (griech. *νέος νέον*), Fem. *nova*
(gr. *νέα*), in Uebereinstimmung damit, dass bei der Spaltung der
a-Stämme die Mehrzahl der *a*-Formen weiblich, der *o*-Formen
männlich fixiert ward. Das Characteristische, dass dem weiblichen
Genus die ältere Form bleibt — *facilius enim mulieres incorruptam
antiquitatem conservant* bemerkt schon Cicero *de oratore* 3 § 45
von sprachlichen Dingen — wiederholt sich bei den Adjectiven,
deren Stamm im Auslaut *r* vor *i* hat: Fem. *celeris equestris salubris*,
Masc. *celer equester saluber*, indem nach Abfall der Endung *is* der
Hilfsvocal *e* eingeschoben wird. Diese Sonderung identischer Formen ist sehr jung, den ältesten Litteratoren nicht bekannt (Ennius
sagte *somnus acris* und *acer hiemps*[1])), nie vollkommen durchge-

---

1) Enn. *Annales* 406: *aestatem autumnus sequitur, post acer hiemps fit.*
— 869: *somnus repente | in campo passim mollissimus perculit acris.*

führt (*volucer Fama* und *silvester aedon* ein Dichter der neronischen Zeit[1])).

18. *Maior und maius.* Wenig älter ist die Unterscheiduug eines Masc. *maior* und Neutr. *maius*: noch im fünften Jahrhundert lauteten beide *maiōs*, denn die aus der Grundform des Comparativ-Suffix folgende Länge wird auch für das Neutrum erwiesen durch Plautus Jamben *Men.* 327 *proin tú ne quo abeas longiús ab aedibus* oder Kretiker *most.* 326 *né prius in via, trinummm.* 247 *ámplius órat;* seit etwa 420 trat *maior* neben *maios*, etwa seit 500 sank *maios* zu *maius*, und die verschiedenen Formen setzten sich in den verschiedenen Genera fest, nachdem die Historiker, diejenigen unter den Autoren, welche am längsten eine Anzahl archaistischer Formen bewahrt haben, bis auf Sullas Zeit, noch *prior bellum*[2]) geschrieben; zur Kürzung der Endsilbe neigte das Latein hier wie überall früh, am ersten ward sie beim Neutrum vollzogen.

Nominativ des Singularis.

19. Die belebten Genera nehmen das Suffix *s* an. Bei den consonantischen Stämmen sind gewisse Veränderungen durch die allgemeinen Sprachgesetzo geboten oder zugelassen[3]).

Nominativ Singularis der Gutturalstämme.

20. Aus *voc-s* und *leg-s* wird *vox* und *lex.* Neben *coniux* steht *coniunx* Gen. *coniugis;* weil der Sibilant in der Aussprache vorwog, schrieb man *coniunxs*[4]); das Vulgärlatein verdrängte den Guttural ganz in *coius*[5]), schon unter den ersten Kaisern in *felatris*[6]); *cals* forderten die Grammatiker in der Bedeutung „Kalk“;

---

1) Petron. *sat.* 123: *interea volucer, motis conterrita pennis | Fama volat* — 131: *dignus amore locus; testis silvester aedon.*

2) Priscian 7, p. 767. P. p. 347. Hertz citiert nach Claudius Quadrigarius: *qui prior bellum.... meminissent;* nach Valerius Antias: *hoc senatus consultum prior factum est;* und nach Cassius Emina: *bellum Punicum posterior.*

3) Priscian 7, 29. p. 745. P. p. 311 II. zählt 78 Endungen des Nominativ Singularis der dritten Declination.

4) *Corp. inscr. lat.* 1. n° 1011. Renier, *Inscr. romaines de l'Algérie* 4293: *Roscia Lochagia coniunx.*

5) Fabretti 311, 522: *et Iulia Tacodora coius.*

6) Ritschl, *Priscae latinitatis monumenta. tab.* 16, 9.

alt scheint *mers*¹). *merx* zeigt kürzere Grundform neben *merces*⁹),
Pollux neben *Polluces*²) und *Poloces*⁴).

In *nix* für *nigvs* ist *v* ausgestossen, im Genetiv *nivis* der Kehl-
laut; eine vollere Bildung war *ninguis*⁵).

In *iudex* Gen. s. *iudicis*, wo *i* stammhaft, trat Umlaut ein der
geschlossenen Silbe halber, ähnlich ward in *remex artifex* Gen.
remigis artificis stammhaftes *a* nur bis in *e* geschwächt.

21. *Neutra.* Neutrum *halec*⁶) ohne *s*, dasselbe Nomen als Femininum *halex*, *atriplex* gilt wie *simplex felix ferox audax* auch
als Neutrum; in den plautinischen Anapästen: *nam duplex hodié
facinús feci* unterscheidet sich *duplex* prosodisch nicht von *duplce*
und *duplice*.

Nominativ Singularis der Labialstämme.

22. Bei den Labialstämmen tritt *s* an den Stamm: *stirps*
und *urbs*, der Assimilation halber auch *urps* geschrieben. Es sind
meist verkürzte Grundformen wie *trabs* aus *trabes trabis*⁷), *anceps*
aus *ancipes*⁸), Stamm *ancipit*; die Inschriften vor Augustus kennen
nur *plebes*⁹). In *auceps* und *princeps* ist stammhaftes *a* zu *e* geschwächt, im Gen. *aucupis* und *principis* in *u* und *i*.

23. Neutrum *volup*¹⁰), verstümmelt aus *volupe* wie *difficul* aus
difficule, ` daher handschriftliches *volupest* bei Plautus nicht in
volup est aufgelöst werden darf.

---

1) Ritschl, *Rheinisches Museum* 10, 453.

2) Petron. cf. § 4.

3) Plaut. *Bacch.* 892: *ita me Iúppiter Iúnó ´Ceres | Minérra Spes Latóna
Opis Virtús Venus | Castór Pólluces Márs Mercurius Hércules | Sübaianus Sol
Satúrnus dique omnes ament.*

4) *Corp. inscr. lat.* 1.´n° 55 (Spiegel in Praeneste gefunden), auch Po-
louces cf. *Ephemer. epigr.* 1, p. 12 n°18.

5) Lucret. 6, 736: *albus descendere ningues.* Appuleius b. Priscian 6,
94. p. 724. P. p. 279, 14. Hertz: *aspera hiems erat, omnia ningue | canebant.*

6) Nonius, 120, 3: *hallec genere neutro.* Plaut. *Aulularia: qui mi olera
cruda ponunt. hallec addunt.* Horatius, *Serm. lib. II* (4, 73) *ego faecem primus
et hallec miscui.*

7) Ennius ed. Vahlen, *tragoed.* 281: *caesa deciilissct ibicqua ad terrám
trabes; Annales* 598: *trabes remis rostrata per altum.* Julius Obsequens 60
(122) *trabis.*

8) Plaut. *Rudens* 1158: *post altriusecus ancipes sécuriculast item aúrea.*
cf. § 24 *lubs* oder *libs* st. *lubeus.*

9) *Corp. inscr. lat.* 1. n° 196 (lex repetundarum) Z. 12. p. 58. *populus
plebesce iouserit.* n° 200 (lex agraria) Z. 78, p. 84. *populus plebesce iuserit.*

10) Plaut. *Asinaria* 912: *hic senex si quid clam uxorem súo animo fecit
volup.* (ap. Non. 187, 5).

Nominativ Singularis der Dentalstämme.

24. Dentalstämme, wo *t* und *d* vor *s* schwindet: *lis seges lapis fraus*, Stamm: *lit seget lapid fraud*. Ersatzdehnung, einst wohl Regel für diese Bildung, behauptet sich bei einsilbigen Wörtern, *pēs rās*, Stamm *pĕd rād* und wo *i* der Endung *es* voraufgeht, *obiēs pariēs*, Stamm *abiēt pariĕt*. Vollere Grundform zeigt *Quiritis*[1]) *Ardeatis*[2]) neben *Quiris Ardeas*, kürzere Ablative *quic lapi* neben *quiete lapide*[3]).

Aus *noct-s* wird *nox*, aus *amant-s legent-s amans legens*. Bei der Lautverbindung *ns* wird der vorhergehende Vocal stets verlängert und der Nasal leicht verflüchtigt; im alten und vulgären Latein sinkt *frons*, Stamm *frond*, zu *fros frus*[4]), *praegnans infans Clemens sapiens* zu *praegnas infas Clemes sapies*[5]); dafür, dass das classische Latein durchweg den Nasal wahrte, zeugen handschriftliche Formen, wie *Athamans Atlans Dymans Pallans* trotz des griechischen *Ἀθάμας*[6]). Wir finden *Corp. inscr. lat.* 1. *elog.* 20 *indigens* von anderer Grundform als *indigenus*, von vollerer als *indiges*, Gen. *indigĕtis*, vergl. *Campanus Campans*[7]) *Campas*; die Mittelform *indiges* ist nicht mehr nachweisbar. Wie weit die Verstümmelung gieng, beweist am besten das uralte *libs* und *lubs Corp. inscr. lat.* 1. nᵒˢ 182 und 183, zunächst aus *lubes* wie *plebs plebes*, dann aus *lubens*. Für *virtust*[8]), wie Ritschl in Plaut. *Pers.* 268 statt *virtus est* schreibt, also Schwund des *s* mit dem Stammesauslaut, vermisse ich sichere Belege. In *pedes ales* Stamm *ped-it al-it* ist das *i* der Wurzel beim Antritt des *s* zum *e* umge-

---

1) Priscian 4, 29. p. 134. II.

2) Cato apud Priscian. 4, 629: *Pometinus Ardeatis Rutulus* cf. § 4.

3) Prisc. 6, 58, 1. p. 242. II. *Afranius in Emancipato: sollicito corde corpus non potitur nunc quie* p. 708 P. p. 250, 9 Hertz. *Ennius in XV annal. occumbunt multi letum ferroque lapique.*

4) Charisius p. 130, 33 Keil. 1. p. 105. P.: *Varro rerum rusticarum lib. 1 ulmos et populos unde est fros;* Z. 29. *frus haec frus, quia sic ab Ennio est declinatum annalium libro VII: russescunt „frundes" non „frondes".*

5) Plaut. *Trucul.* 173: *quae nunquam fuit praegnas, qui parere potuit? Corp. inscr. lat.* 1. nᵒ 747 (*tessera consularis*) *Sertilius Clemes.* Orelli 4797: *haec moritur infas annorum III.*

6) *Corp. inscr. lat.* 1. nᵒ 760. *Athamans Maecenatis* (*tessera consularis*). Virg. *Aen.* I, 741. VIII, 104.

7) Plaut. *Trinummus* 545. *Credo ego istuc, Stasime, ita esse; sed Campans genus | multo Surorum, iam antidit patientiam* (Non. 486).

8) Plaut. *Pers.* 268. *virtust, ubi occasio admonet, displicere. quid faciat mihi?*

lantet; rusticau ist *milis*[1]) wie *milex*[2]). Altes *a* gewahrt in *vas* ist geschwächt in *praes* aus *praeves* Plur. *praevides*[3]), von *anas* begegnet Plur. *anites* (Brix zu Plaut. *capt.* 999).

25. **Griechische Dentalstämme im Latein umgeformt.** Griechische Dentalstämme werden im älteren Latein oft anders geformt. Ἀντιφῶν Acc. Ἀντιφῶντα lateinisch *Antipho Antiphonem*[4]), Κάλχας Gen. Κάλχαντος lat. Abl. *Calcha*[5]); das Volk flectiert *Philema Philemae*[6]) und Plautus schrieb *peristromae*, nicht *peristromata*[7]); den Acc. plur. *lampadas*[8]) bei Terentius wird kein Sachverständiger auf λαμπάδας zurückführen, und *lampadis ardentibus* bei Plaut. änderte eine jüngere Zeit in *lampadibus*[9]).

26. **Neutra.** In der Flexion von *caput* geht *u* in *i* über, Gen. *capitis*. Die Stämme *cord lact* verlieren ihren Endconsonanten und werden Nom. *cor lac*; obwohl Varro die volle Stammform *lact* schrieb gegen das lateinische Auslautgesetz und andere mit Erweiterung zum *i*-Stamme *lacte*[10]) brauchten. Auch *os* Gen. *ossis* gehört hieher, da der Stamm *oss* durch Assimilation aus *ost* hervorging, griech. ὀστοῦν. Wie das Neutrum kurz bleibt, so auch das geschlechtige *exos*[11]), woneben mehrere *exossis*[12]) sagten und Plautus, wenn ich mich nicht irre, *deossis*[13]).

Nominativ Singularis der Nasalstämme.

27. **Stämme auf** *m*. Auf *m* endigt blos Stamm *hiem*, Nom. *hiemps* im Bauernkalender[14]) und in guten Handschriften mit euphonischem Einschub des *p* wie in *sumpsi*.

1) Fabretti p. 133 n° 81: *Aur. Martinus milis coh(ortis) II pr(aetoriae).*
2) Fabretti p. 137 n° 127: *Aelius Timoxenus milex cho septime praetoriae.*
3) *Corp. inscr. lat.* 1. n° 200 (*lex agraria*) Z. 46, 47, 100, p. 82 u. 86.
4) Plaut. *Stichus* 408: *nam iam Antiphonem conveni adfinem meum.*
5) Plaut. *Menaechm.* 748: *novistin tu illum? novi cum Culcha simul.*
6) *Corp. inscr. lat.* 1. n° 1207: *Philemae suae ama(nt)issumai.*
7) Plaut. *Pseudulus* 146: *ut ne peristromata quidem aeque picta sint Campanica.* (Ritschl.)
8) *Adelphi* 907: *Hymenaeum turbas lampadas tibicinas.*
9) *Menaechm.* 842: *ut ego illic oculos exuram lampadibus ardentibus.*
10) Plaut. *mil. glor.* 240: *tam similem quam lacte luctist.* — Varro *Sat. fragm.* 26 *candidum lact e papilla* (inscr. Non. p. 483. 486). Ausserdem Plaut. *Trucul.* 5, 11, wo die mscr. auf die Lesart *opust nutrici lact ut habeat* hinführen.
11) Lucret. 3, 719: *unde animantum copia tanta* (i. e. *vermes*) *exos et exsanguis tumidos perfluctuat artus?* (cit. Non. p. 103.)
12) Appuleius, *Apologia: lepus marinus, cum sit cetera exossis, duodecim ossa in ventre habet.*
13) Plaut. *Stichus* 392: *Hercules, qui deossis sane discessisti non bene* (Ritschl: *qui deus sis*).
14) *Corp. inscr. lat.* 1. p. 359.

28. *Stämme auf n.* Bei der Abneigung, welche das ältere
Latein wie das Griechische gegen *ns* zeigt und bei der regelmässigen
Zerstörung dieser Lautverbindung hängt es den *n*-Stämmen kein
s an: das vereinzelte *sanguis* aus *sanguins sanguens*, wo die Dehnung der Endsilbe nie vor Vergil und Horaz, und selbst von diesen
Autoren und ihren Nachfolgern nicht immer vernachlässigt ward [1]),
scheint jüngere Bildung neben Neutr. *sanguen*, woraus mittelalter-
liche Abschreiber *sanguem* machten [2]).

Selbst der stammhafte Nasal fällt meist ab, in *termo* [3]) *praedo*
margo natio Cicero, desgleichen in *Apollo Agamemno.* Das lange
o [4]) wird bald gekürzt, am ersten in iambischen Wörtern wie *homo*,
in kretischen wie *Pollio* nicht vor Ende der Republik. Aehnlich
im Inlaut: bei den ältesten Acc. *homōnem hemōnem* seit Ennius
hómŏnem hómĭnem [5]). Es findet sich von *Apollo* der Gen. *Apolones* [6]),
Dat. *Apolenei Apolinei* [7]), Fronto's Zeitgenossen erneuerten die
Flexion mit *o*; Cäsar verlangte von *turbo* Acc. *turbonem* statt *tur-
binem* (Charisius p. 145, 1. Keil); in *caro* Gen. *carnis* ward der
Vocal ganz ausgestossen. Der Nominativ wahrt die Wurzel bei
wenigen geschlechtigen Wörtern wie *tibicen* Gen. *tibicinis* Wurzel *can*,
aber regelmässig bei Neutra wie *germen nomen*, womit weiter gebildete Nomina wie *incrementum cognomentum*, griechische Stämme wie
ὄνομαι zu vergleichen sind. Verschiedene Fortbildungen von Nasal-
stämmen liegen in den Nom. *coepulonus carnis canes senex* [8]) vor.

---

1) Lucr. 4, 1041: *illam₁ emicat in partem sanguis, unde icimur ictu.*
(Lachmann *Comm. zu Lucr.* p. 59.)

2) Lucr. 1, 853: *ignis, an umor, an aura? quid horum? sanguen an
ossa?* 860: *scire licet nobis venas et sanguen et ossa.* — Non. citiert andere
Beispiele aus Ennius, Lucret., Attius, Varro, Cicero, p. 224. Cf. *sanguem* bei
Orelli 5054, 22. (*tab. fratr. Arval.*)

3) Ennius *annal.* 470. 471. cit. Festus.

4) Die älteste Form des Vocals findet sich im Adjectiv *humānus*. Ebenso
caballus für *caban-lus*, abgeleitet vom alten *cabo* acc. *cabonem* (Wallach) cf.
Glossarium parisinum ed. Hildebrand p. 40.

5) Priscian 6, p. 683 P. p. 206, 23 Hertz: *Ennius: vulturus in silvis
miserum mandebat homonem* (*annal.* 141). Paulus Diaconus: *hemona humana et
hemonem hominem dicebant.*

6) *Corp. inscr. lat.* 1. n° 187: *aidiles vicesma parti Apolones dederi.*

7) *Corp. inscr. lat.* 1. n° 167. Denkstein von Picenum. — n° 562. Amphi-
theater von Delphi: *Apolinei* (Pjutio.

8) Plaut. *Persa* 100: *terrestris coepulonus te adpellat tuus.* — Liv. 37, 3:
quod Laurentibus carnis, quae dari debet, data non fuerat. — Ennius *annales*
518: *tantidem quasi feta canes sine dentibus latrat* (cit. Varr.). cf. § 35 Note.
Ueber *senex* cf. § 5.

29. Liquidastämme, deren *l* und *r* kein *s* annimmt, *sol praesul mater doctor*, weil die Liquida folgendes *s* sich anzugleichen vermögen (vergl. *velle ferre ullo* statt *relse ferse ulso*)[1]), so dass die Länge *sal* St. *săl* und *pār* St. *pйr* aus *sall* griech. *ἅλς* zu erklären. Auch für *patēr* sucht Fleckeisen[2]) einstige Ersatzdehnung nachzuweisen wie im Griechischen *πατήρ* Stamm *πατερ*; den Vocal *e* wahrte die älteste Sprache in der Flexion *Opiteris Maspiteris Diespiteris*[3]), während die litterarische Periode ihn überall auswarf. Die plautinische Metrik, in der wir so oft verschiedene Formen neben einander anerkennen müssen, die einen im Untergang, die andern im Aufgang begriffen, als kraft des Rhythmus der Sprachkörper so gewaltig umgestaltet ward, wie nie wieder bis zur Zerstörung des Lateins durch neue weltgeschichtliche Elemente — jene Metrik fordert an vielen Stellen einsilbigen Nominativ *patr*, entsprechend den andern Casus *patrem patris* und *patr* steht geschrieben *Corp. inscr. lat.* 1. nº 130[4]), noch verstümmelter *Diesptr* nº 1500[5]). Verflüchtigung des stammhaften *r* und Aussprache wie *pate* ist weit weniger wahrscheinlich[6]). Auch die Verkürzung von *soror* in Anapästen wie *soror suo éx animo* (*Stichus* 3), dürfte nicht nach Analogie von *maio* aus *maios*, sondern von *sobrinus* aus *sorrinus* zu beurtheilen sein. Die alte Länge des Nom. *orātōr* wie Gen. *orātōris* zeigen plautinische Kretiker wie *magister mihi exercĭtōr animus nunc est* und die Apices einer angusteischen Inschrift *grammaticus léctórque fui*. Die dem Latein stammverwandten Sprachen beweisen, dass das *r* in *tor* stammhaft ist. Daher kann

---

1) Das Suffix des Infinitivs ist *se*, älter *sei* und entspricht den griechischen Infinitiven wie *λῦσαι*. Das *s* bleibt in *legisse*; in *legere* wird es *r*, wie immer zwischen zwei Vocalen. Die Endung *se* ist noch vollständig in zwei Präsens-Infinitiven, *esse = es + se* sein, und *esse = ed + se* essen. Paulus Diaconus giebt in seinem Auszug aus Festus die Glosse *dasi* statt *dari*.

2) *Jahn's Jahrbücher* 61, 32. Corssen bekämpft ihn lebhaft: *Aussprache* 2ᵗᵉ p. 502 Note.

3) Priscian 6, p. 695. P. (§ 39). p. 229 H. *Inveniuntur tamen apud vetustissimos haec ancipitis genetiri: hic accipiter huius accipiteris et accipitris, Opiter Opiteris et Opitris, Maspiter Maspiteris et Maspitris, Diespiter Diespiteris et Diespitris. sic etiam Iuppiter Iuppiteris et Iuppitris, ut Caesellio Vindici placet, debuit declinari.*

4) *Corp. inscr. lat.* 1. nº 130. Grabschrift: *L. Oppi L. f. Flacus patr.* und nº 131. *L. Oppi L. f. Flacus filius.*

5) *Corp. inscr. lat.* 1. nº 1500. Pränestinische Ciste: *Diesptr.*

6) cf. jedoch § 33 ad voc. *color*.

es nur ein Irrthum sein, wenn Varro (*de lingua Latina* 7, 27) *iani-tos* als identisch mit *ianitor* und als ältere Form anführt. *ianitōr* ist gebildet vom Suffix *tor*, wie das Femininum *ianitrix* beweist, *ianitos* muss für *ianitus* stehen. Darnach ist die Glosse bei Paulus Diaconus zu corrigieren: *ianeus* oder *ianicus ianitor*.

30. *Neutra.* Einige Neutra haben Liquidastamm: *mel fel*, Stamm *mell fell, ver* griech. ἦρ. *spinter* Armband griech. σφιγκτήρ, *far* Stamm *farr*.

31. Die Grundformen wechseln in *mugil* und *mugilis*[1], *vol-tur volturus tolturius*[2].

Nominativ Singularis der s-Stämme.

32. *s*-Stämme können im Auslaut kein *s* mehr annehmen: *mas Venos*[3]) *mus glis*[4]); Neutra *ais ious*[5]) *opos*[6]) *corpus*. Wie *s* in der Flexion im Inlaut immer in *r* übergeht, Gen. *maris corporis* mit Ausnahme von *vas* Gen. *vasis*, so wechselt es auch im Auslaut mit *r* seit dem fünften Jahrhundert in vielen Formen. Durch Variation des alten *lepos* wird *lepor* Gen. *lepŏris* von *lepus* Gen. *lepŏris* unterschieden; ebenso meist ungeschlechtige Bildungen von geschlechtigen, wie *maior* und *maius, decor* Gen. *decŏris* und *decus* Gen. *decŏris*, obwohl Neutr. *robor robur*[7]) sich erhielt und die alten Grammatiker am Ende ganz richtig bei Plaut. *merc.* 860 *nec calor nec frigus metuo*[8]) verbanden, also Neutr. *calor* anerkannten. Ausser einsilbigen Wörtern wie *flos* und *mos* und ausser *arbos* wurde über das sechste Jahrhundert hinaus die Endung *os* nur in wenigen Wörtern mit kurzer Stammsilbe wie *colos odos labos* von Dichtern jambischer Messung wegen beibehalten (Lachmann zu Lucret. p. 424). Durch Veränderlichkeit des *s* und durch Schwächung des *o* entwickeln sich die mannichfachen Formen in der Flexion, theilweise auch im Nominativ der Stämme auf *os*: Neutr. Plur. *augura*[9]),

---

1) Juvenal 10, 317 *et mugilis intrat.*

2) Ennius *annales* 141 *volturus in spinis miserum mandebat homonem.* (Prisc., Charisius, Servius erwähnen hier ausdrücklich *volturus.*)

3) *Corp. inscr. lat.* 1. n° 57 Inschrift auf einem Goldspiegel: *Venos Dio-vem Prosepnai*; n° 58 hat die Inschrift: *Venos Victoria.*

4) Non. p. 119.

5) *Corp. inscr. lat.* 1. n° 204. *inscr.* 2. Z. 18 *quae leges quodque ious quae-que consuetudo*; und Z. 20 u. 29.

6) Plaut. *Stich.* 573 (ms. B) *opos sit.*

7) Lucr. 2, 1131.

8) Plaut. *merc.* 859. 860. *neque mihi ulla opsistet amnis, nec mons, ne-que adeo mare; | nec calor nec frigus metuo neque ventum neque grandinem.*

9) Attius, *trag.* 624 (Non. p. 488): *pro certo arbitrabor sortis, oracla, adytus, augura.*

verbera, Locativ. Sing. *tempori* und *temperi*, Nom. Sing. *vetus* und *veter*¹), *vomer* und *vomis*¹).

33. *Quantität der Endsilbe.* Für geschlechtige Wörter lässt sich ursprüngliche Länge der Endung voraussetzen: *arbōs* Gen. *arbŏris*, *Cerēs* Gen. *Cerēris*, *pulvis*⁵) Gen. *pulvĕris*, aber daneben *pulvīs*, *clamŏr* Ennius dreimal, wie *clamŏris*⁴). Aber Kürzung drang früh durch sogar beim Comparativsuffix, *minŏr ĕa*⁵) neben *stultiŏr es*. Auf praenestinischen Grabschriften, die bis in's sechste Jahrhundert zurückreichen, stehen mehrmals Nominative wie *mino Coponia* und *maio Orcevia* mit Schwund des stammhaften *s*⁶). Damit läuft die plautinische Messung *colŏr vĕrus* im Wesen auf eins heraus, sie bleibt aber auf die freieren Rhythmen beschränkt, wo metrischer Zwang zur Anwendung vieler sonst erloschener Altertümlichkeiten führte. Das Adjectivum *vetus*, ohne Spur einer Ersatzdehnung, erscheint wie die Neutra geschwächt⁷).

34. *Neutra.* Die Neutra werfen das den Stamm schliessende *s* gemäss lautlicher Neigung des Lateins bis zu Ende des siebenten Jahrhunderts beliebig ab: *scélus viri* päonisch, *tempus est* oder *tempust* aus *tempu est* drei- oder zweisilbig bei den Scenikern, *sátiu sit* im letzten Versfuss bei Terenz⁸). *Necesus* wie *opus* im Senatsbeschluss über Bacchanalien⁹) und neben der *o*-Form *necessum* bei Plautus¹⁰);

---

1) Priscian 3, 21. p. 97 H. leitet Superl. *veterrimus* vom Posit. *veter* ab und citiert: Ennius *annales* 17: *cum veter occubuit Priamus sub marte Pelasgo.* ₊ Ausserdem citiert er: Attius *trag.* 481: *vetér fatorum términus sic jússerat.*

2) Verg. *Georg.* 1, 162: *vomis et inflexi primum grave robur aratri.*

3) Nonius p. 217 citiert Ennius *annales* 286: *iamque fere pulvis ad caelum vasta videtur.* Verg. *Aen.* 1, 482: *et versa pulvis inscribitur hasta.*

4) Ennius *annales* 408: *qui clamŏr oppugnantis vagore volanti.* 422: *tollitur in caelum clamŏr exortus utrimque;* 520: *clamŏr ad caelum volcendus per aethera vagit.* cf. Nominative in *tŭr* § 29.

5) Plaut. *mil. glor.* 1294: *minŏr éa videtur, quàm quae propter múlierémst.* *Bacch.* 123: *i, stúltior es bárbaro Poticio.*

6) *Corp. inscr. lat.* 1 n° 136 und 197. vgl. Hübner's Index zum *Corp. inscr. lat.* 1. p. 609.

7) Plaut. *mercator* 976: *própterea igitur tú mercatu's, nócos amator, vétus puer.*

8) Terent. *hecyra* 730: *aut ne quid faciam plus, quod post me minus fecisse satiu(s) sit.*

9) *Corp. inscr. lat.* 1. n° 196 Z. 4—5 *Sen. cons. de bacchanal: quei sibci deicerent necesus ese bacanal habere.*

10) Plaut. *asin.* 895: *Naúteam | bíbere malim, si necessum sit, quam íllam ausculárier. mil. glor.* 1118: *dicás necessum tibi esse uxorem dúcere. rudens* 1331: *quid istic? necessumst video. Stichus* 219: *fors necessumst quidquid habeo véndere.*

necessu geben die Bücher des Lucrez (Lachmann p. 397). Das von Donat gelesene *necessis* bildet den Uebergang zu *necesse*[1]), wie in der Conjugation *utarus*[2]) *utaris utare* oder *minus magis mage*; *necesses* und überhaupt Bildungen auf *s̄s* bei diesen Stämmen widerstrebten, wie aus vielem ersichtlich, der Technik des Auslautes; wenn neben *pubis* und *puber* Probus eine Form *pubes*[3]) billigte, so war hier die letzte Silbe ohne Zweifel lang.

Nominativ Singularis der *i*-Stämme.

35. *Nominativ auf es is eis.* Die *i*-Stämme nehmen *s* an: *piscis avis sitis vis similis.* Einige haben die Endung *es* wie *vates vepres*, in classischer Zeit fast nur bei weiblichen Bildungen und zum Theil durch *is* ersetzt, *canēs canis*[4]), *aedes aedis, feles felis, volpes volpis* (Schneider Formenlehre p. 468); wenige schlagen geradezu in die Declination der weiblichen *e*-Stämme über wie *plebes* Gen. *plebei, fames* Abl. *famē*; auch wo das classische Latein *es* wahrte, setzte das vulgäre *is* an die Stelle, *sedis luis cladis*, wie in den analog behandelten griechischen Nomina *Diopithis Callisthnis*; umgekehrt *es* für *is* z. B. *omines locus* (Orelli 6085) für *omnis.* Der Wechsel des *i* und *e* scheint sich im fünften Jahrhundert viel weiter erstreckt zu haben; *L. Cornelio L. f. Scipio aidiles cosol cesor corp. inscr. lat.* l. n° 31 Grabschrift d. Consuls vom J. 495, während die etwas jüngeren metrischen Epitaphien *aidilis* bieten. Zwischen *ēs* und *ĭs* steht *eis ĭs*; im hexametrischen Orakel *corp. inscr. lat.* l. n° 1446 *hóstĭs incertus*, bei Horaz *carm.* 1, 15, 36 überliefert *ignĭs Iliacas domos*, öfter in Plebejerversen; in der Grabschrift des Mimen Protogenes *corp. inscr. lat.* l. n° 1297 aus dem sechsten Jahrhundert *suavei heicei situst mimus* zweifellos für *suaveis*; statt des Pronomen *is* alt *eis* und *eisdem.*

36. *Schwund des s.* Das schwach tönende *s* wird unterdrückt, also Nom. *tribunos militare*[5]) genau so, wie die das *s* nicht annehmenden Neutralstämme lauten, *rete leve.* Dem *militare* entspricht was Nonius (pag. 224, 25) für Naevius, *comoed.* 60 u. a. bo-

---

1) Donat zu Terent. *Eunuch*, 5, 6, 27 (v. 997) *necesse est nomem, nam necessus, necessis, et necessitas, et necessum lectum est.*

2) *Corp. inscr. lat.* l. 1220 *tu qui secura spatiarus mente viator.*

3) Corn. *Nep. Dion* 4. *nam puer priusquam pubes esset, vino epulisque obruebatur; puhis* bei Prudentius; Priscian 6, 65 p. 249 H 707 P. sagt, dass Cäsar ausschliesslich *puhis* gebrauchte. Eine tunesische Inschrift gibt *pubes pudicus* (Guérin, *coyage dans la régence de Tunis* l. p. 413 n° 185).

4) Lucil. b. Varro *de lingua latina* 7, 3. *nequam et magnus homo laniorum immani canes ut.*

5) *Corp. inscr. lat.* l. n° 63 u. 64.

zeugt *pol haut parasitorum aliorum simile est homo*, inschriftlich *compote factus*[1]) für *compotis compos*. Durch Verschmelzung des Stammes mit enklitischem *est* kann *similist* werden wie *mercist* Plaut. *Pseud.* 954 aus *merci est*, ähnlich *potisit* im *Scn. cons. Bacch.* (Z. 28) woraus *possit* entstand; für sich kann das Wort nach Schwund des *s* nur *simile* oder *simil*[2]) lauten.

37. *Schwund des is*. Nach *l* fällt oft die ganze Endsilbe weg; *is ager vectigal nei sict* im genueser Schiedsspruch wie *vigilis vigil*, öfter nach *r, celer* aus *celeris* und mit Einschub eines *e imber* aus *imbris, October pedester* (vgl. § 17).

38. *Neutra*. Auch die Neutra werfen die stammhafte Endung ab, *capital* aus der Gesetzessprache lange fortgepflanzt, *difficul* noch bei Varro[3]), und diese Form setzte sich für substantivierte Adjectiva fest, *Bacanal animal calcar exemplar* mit Kürzung des *a*; Lucrez giebt noch das volle *exemplare*[4]). Die Endung *sinapi* ist fremdländisch wie *gummi*, lateinisch *sinape* und Femininum *senapis*[5]).

Nominativ Singularis der *u*-Stämme.

39. An die geschlechtigen *u*-Stämme tritt *s* in *arcus fructus anus quercus* u. s. w. — Alt und durchgreifend ist der Wechsel von *o*- und *u*-Stämmen: Nom. *macistratos maximos*[6]) auf der Duellius-Inschrift ist wohl kein Irrthum der Antiquare, sondern Metaplasmus wie im Kalender des Philocalus 31. Dec.[7]) *mogistrati iurant*, wie Genetiv *senati*[8]) und *senatus*, Ablativ *scito* und *scitu*, Pluralis *fasti* und *fastus*. Das Schluss-*s* würde abgeworfen, *domu* oder *usust* für *usus est*.

40. *Neutra*. Auffallend ist bei den Neutra auf *u, cornu veru*, die Länge des Auslautes, welche einige Grammatiker fälschlich

---

1) Orelli 5758.

2) Das Zeugniss des Nonius (p. 224), das man mit Unrecht angefochten hat, wird durch Handschriften bestätigt. Dieselben geben bei Plaut. *Truc.* 2, 6, 24: *ecquid mei simile est*; die edit. haben *similist* geschrieben, weil *puer* zu suppliren ist.

3) Varro bei Nonius p. 111: *quod utrum sit magnum an parvum, facul an difficul*.

4) Lucrez 2, 124. *exemplare dare et vestigia notitiai*.

5) Columella 11, 3.

6) *Corp. inscr. lat.* 1. p. 39 Z. 8.

7) *Corp. inscr. lat.* 1. p. 356.

8) *Corp. inscr. lat.* 1. p. 72. Schiedsspruch des Minucius: *ex senati consulto*. Hübner's Index führt p. 594 col. 3 noch 7 Beispiele des Genetiv *senati* an. Nonius fand ihn bei Plautus, Sallust, Sisenna. Cic. *ad Att.* 4, 2.

leugneten; daucben meist männliche Bildungen wie *cornus tonitrus gelus* oder ungeschlechtige anderer Art wie *verum* und *genus*[1]).

Nominativ Singularis der *a*-Stämme.

41. *Nom. masc. in as.* Die im Griechischen und zum Theil im Oskischen erhaltene Bildung des Nom. Sing. männlicher *a*-Stämme mit *s* wie *Numas* ist handschriftlich noch nachweisbar aus dem Gesetz Numa's bei Paul. Diac.[2]). — Auch „*hosticapas*" *hostium captor* bei Paulus p. 102 unter Glossen, welche auf die XII Tafeln und sacrale Urkunden geben, wie „*hortus*" *omnis villa*, „*horctum*" *pro bono*, „*horda*" *unde hordicidia*, darf nicht in *hosticapax*, braucht nicht in *hosticapus* oder *hosticapa* geändert zu werden (vgl. Ribbeck *com. praef.* p. XII).

42. *Nominativ der Masculina in a.* Die *a*-Stämme im Latein haben das *s* völlig verloren, auch die männlichen *scriba pansa* wie homerisch νεφεληγερέτα Ζεύς; übrigens sind die männlichen in der Mehrheit, abgesehen von Lehnwörtern wie *nauta poeta*, Composita adjectivischer Art, *incola bucaeda legirupa*, welche auf jüngerer Sprachstufe durch die *o*-Form von den weiblichen unterschieden wurden: *Graiugena*, aber *privignus* aus *privigenus*[3]) *Asiagenus*[4]) Auch die griechischen Masculina auf ας ης werden römisch auf a gebildet: Φιντίας *Pintia*, Χαιρέας *Chaerea*, *satrapa herma*. Beachtung verdient wie das ganze atellanenhafte Gedicht so die mit dem Oskischen genau stimmende Form *Santia* griech. Ξανθίας im *poema de Amphitryone et Alcmena* bei Mai *class. auct.* 5 p. 470 v. 213. — Das *poema de Amphitryone* ist nach Osann (*Vitalis Blesensis Amphitryon et Aulularia* Darmst. 1836) aus dem Mittelalter. Aber bemerke, dass wie Vitalis die *Aulularia* nach dem *Querolus*, den wir noch besitzen, verfasst hat, er den *Amphitryon* nach der Bearbeitung des plautinischen Stückes zu einer nicht mehr vorhandenen Posse dichtete. *Protagora* sagt der Archaist Appulejus. Die Länge des *a* ist wenigstens für die griechischen

---

1) Priscian 5, 43. p. 170 H. 659 P. *gelus.* 6, 19 p. 210 H. 685 P. *Lucanus in VII* „*cornus tibi cura sinistri*". *idem in eodem:* „*seu tonitrus ac tela Jovis praesaga notarit*". *Cicero tamen in Arato* „*hoc genus*" pro „*genu*" protulit: „*tertia sub cauda ad genus ipsum lumina pandit . . . . Accius in Prometheo:* „*profusus flamine hiberno gelus.*" Nonius p. 227 citiert Plaut. *Amphitr.* 1062 *strepitus crepitus sonitus tonitrus.*

2) Paul. Diac. Festi p. 221. *si quis hominem liberum dolo sciens morti duit, paricidas esto.*

3) Renier, *inscr. rom. de l'Algérie* n° 1699. *Sex. Aelius Valentinus privigenus rarissimae feminae merenti fecit.*

4) *Corp. inscr. lat.* 1. n° 86.

Namen durch sichere Beispiele erwiesen: *Aeacida* Enn. *ann.* 186 wo der Nom. für den Vocativ fungiert, *Sosia* bei Plautus (Fleckeisen, krit. Miscellen p. 22). — Dagegen *ulmitribâ tu*[1]).

43. *Nominativ der Feminina in a.* Die weiblichen *a*-Stämme endigen auf langen Vocal bis zum Ende des sechsten Jahrhunderts: *quoiei vitâ defecit, non honos, honore(m)*[2]) oder *quoiûs forma virtutei parisuma fuit*[3]) (die Saturnier der Scipioneninschrift), *et densis aquila pinnis obnixâ volabat* (Ennius *annal.* 148); in freieren Maassen wie Kretiker und Bakcheen *dúcitur fámiliä tóta*[4]), *id fuit naénia lúdo*[5]), *pol hódie alterá iam bis détonsa cértost*[6]) und sonst Plautus. In den Versmaassen des Dialogs haben langes a Namen wie *Canthara* und *asin.* 762 *epistula*[7]) sonder Zweifel. Fleckeisens Ausführung (krit. Misc. p. 16 ff.) bedarf im einzelnen der Berichtigung, aber das Resultat, dass Plautus wie seine Vorgänger noch Nom. *terra* sagt, wird dadurch nicht im mindesten erschüttert, dass er daneben und öfter schon wie Terenz stets *terrâ* hat. — An Stellen wo das Metrum eine Kürze fordert, wie im letzten Fuss, begegnet *hiúlcâ gens, illâ volt, súrptâ sit, servâ sum*[8]); ein Ausgang wie *quoius úrnâ sit* scheint zu fehlen, so dass die Schwächung bei Pronominen, Adjectiven, enklitischen Verbindungen ihren Anfang nahm. Der Uebergang vom Nominativ *mensa* in *mensâ* ist ungefähr gleichzeitig mit dem vom Ablativ *mensad* in *mensa*. Nach griechischer Form *Andromeda Phaedra* bei den jüngeren Dichtern[9]); in lateinischen Wörtern erst beim Verfall wieder Dehnung in der Cäsur, unter der Arsis wie *ulciscénda reâ genetrix* (*Orestis trag.* 919).

Nominativ Singularis der *e*-Stämme.

44. Die *e*-Stämme behalten das *s* wie *fides facies*. Alle sind weiblich bis auf *dies*. (Bemerkenswerth *ubei ea dies venerit quodie iusei erunt adesse*)[10]); meist existieren daneben *a*-Formen wie *effigia*

---

1) Plaut. *Pers.* 278 *étiam dicis ubist, venéficé?* — *hauscio, inquam ulmitriba tu.*

2) *Corp. inscr. lat.* 1. n° 34.

3) *Corp. inscr. lat.* 1. n° 30.

4) Plaut. *trin.* 251.

5) Plaut. *Pseudul.* 1277.

6) Plaut. *Bacch.* 1128.

7) Plaut. *asin.* 762. *ne epistula quidem úlla sit in aédibus.*

8) Rich. Müller *de Plauti Epidico* p. 52. C. F. Müller hat einen Versschluss angeführt, den ich bisher unbekannt glaubte: *sua illaec praedâ sit* (*Casina* 1, 26).

9) Lachmann zu Lucr. p. 405 sqq. Ovid. *remed. am.* 743.

10) *Corp. inscr. lat.* 1. p. 62. Z. 63. *lex repetundarum.*

neben *effigies* [1]), *luxuria saevitia* neben *luxuries saevities;* auch in der Flexion herrschen die *a*-Formen bis auf den Acc. und Abl Sing. Alt ist *superficium* neben *superficies* [2]). Die Verwandtschaft mit den *i*-Stämmen ward schon berührt (§ 35). Abfall des *s* wie bei den *a*-Stämmen zeigt *res* bei Plaut. in mehrmaligem *certa rest* oder *salva rest* (Wurzel *ra* wie in *ratus ratio*).

Nominativ Singularis der *o*-Stämme.

45. *Endungen o(s) und o(m).* Die geschlechtigen *o*-Stämme gehen im fünften Jahrhundert auf *os* aus, die Neutra auf *om*. Masc. *Alfenos tribunos filios,* Neutr. *pocolom donom captom* [3]). Häufiger mit Schwund des *s*, in den imperativisch verwandten Participialbildungen wie *hortamino* [4]), sonst zufällig nur noch bei Eigennamen nachzuweisen, *Turpleio* für späteres *Turpilius* [5]), *Fourio Popaio Roscio;* bei den Neutra mit Schwund des schwach auslautenden von allen Dichtern vor Vocalen erweichten *m pocolo corp. inscr. lat.* 1. 45 *dono* 177 [6]). Neben *filios* auf der ältesten Scipionengrabschrift [7]) (auf den Consul Lucius des Jahres 495) tritt *Lucius* auf der etwas jüngeren [8]) (auf den Cohsul des Jahres 456 ,dem jene Verse in den ersten Deccnnien des sechsten Jahrhunderts gewidmet wurden), die doch *Samnio* noch, wie es scheint, für *Samnium* darbietet.

---

1) Afranius *com.* 365 *cuius te suscitat imago cuius effigia, quo gnatu's patre* (cit. Non. p. 493). Renier *inscr. de l'Algérie* 36: *parva magnus in effigia.*

2) Corp. inscr. lat. 1. *lex agraria* C. XCII. p. 85 *agri possesionisce superficium* (vgl. § 271 die Genetive *progenii* und *luxurii*).

3) Corp. inscr. lat. 1. n° 831 *Alfenos Luci(us) a. d. XII c. noem(bres).* Das Schluss-*s* des ersten Wortes ist zweifelhaft. n° 54: *Novios Plautios med Romai fecid* (cista Ficoroniana). — n° 63. M. *Fourio C. f. tribunos militare de praidad Maurte dedet.* — n° 32 *filios Barbati.* — n° 195 (*column. rostr.*) *primos* Z. 6 u. 7. — n° 43 *Aeetiai pocolom,* 44 *Belolai pocolom,* 46 *Keri pocolom,* 47 *Lavernai pocolom,* 48 *Saeturni pocolom,* 50 *Volcani pocolom.* — n° 195 (*column. rostr.*): *captom* dreimal — n° 191 Pl. *Species Menervai donom port...*

4) Paul. Diac. *excerpta Festi: famino dicito.* Cato, *de re rustica* 141 (142) *Janum Jovemque vino praefaminó. Corp. inscr. lat.* 1. n° 199. Z. 32. p. 72 *fruimino.*

5) Corp. inscr. lat. 1. n° 65, 63, 178, 143.

6) Corp. inscr. lat. 1. n° 45. *Coerae pocolo.* n° 177. *Matre Matuta dono dedro.*

7) Corp. inscr. lat. 1. n° 32.

8) Corp. inscr. lat. 1. n° 30 *in fine: Taurasia Cisauna Samnio cepit: subigit omne Loucanam, opsidesque abdoucit.*

46. *Wechsel des o in u.* Die Endung· *os, om* ging über in *us, um* etwa um das Jahr 520 der Stadt, und Plautus, dem *opos* noch zugestanden werden mag, konnte *Bacch.* 872 nicht schreiben *eros tuus* sondern lediglich *erus tuos.* Denn da das Latein die Lautverbindungen *uu* und *uo* hasst, so blieben Formen wie *mortuos equos servos aevom*[1]) für alle Zeit; zum Theil waren veränderte Formen wie *ecus*[2]) und *aeum* im Gebrauch, aber in der Republik hat kein urbaner Mann *equus* oder *servus* gesprochen oder geschrieben; In Quintilians Jugend drang diese Lautirung der Vulgärsprache auch in die Schriftsprache ein[3]); der Kaiser Claudius redete *patruus, opus arduum, divus Augustus,* freilich daneben noch *divom Julium*[4]); seitdem wird *divos divom* altmodisch und provinziell gewesen sein, obwohl es nie erlosch und so der plattlateinischen Verdumpfung von *us* überhaupt zu *os* und *o* entgegen kam. Den Lautwechsel·von *o* zu *u* zu Anfang des sechsten Jahrhunderts der Stadt veranschaulichen die nach dem Jahr 486 geschlagenen Münzen von Suessa, wo neben *probom,* nämlich *ais,* die Form *proboum* erscheint[5]); den Umschlag von *vivos* in *vivus* eines Sarsinaten Inschrift etwa aus Cäsars Zeit: *qui volet, sibei vivous monumentum faciet*[6]).

47. *Schwund des s des Masculinum.* In *filius* tönte das *s* auch während des sechsten und siebenten Jahrhunderts so schwach, dass es unterdrückt werden konnte, *filiu* wie früher *filio. nullu's* bei den Scenikern, *nullu sum, iussu sum, auctu sit* im letzten Fuss bei Terenz, *cedit citu célsu tolutim* bei Varro und ähnliches bei allen Dichtern der alten Schule.· Des Protogenes Grabschrift verkürzt sogar *heicei sitüst mimus,* eine Verflüchtigung des Auslautes, welche sich in der Litteratur zuletzt Plautus erlaubt hat; zu Lucilius[7]) Zeit war nur noch *hic situs Metrophanes* giltig. In der

---

1) *Corp. inscr. lat.* 1. n° 35 *mortuos.* 1442 *est equos perpulcer sed tu vehi non potes istoc:* 1067 *Menophilus Lucretianus servos publicus;* 1008 *aevom.*

2) Vergil *Georg* 1, 13 (*Mediceus*) *ecum;* 8, 499 (Non. p. 317) *ecus.* Renier, *inscr. rom. de l'Algérie* 5. F. Z. 6 *ecum.*

3) Quint. 1, 7, 26. *Nostri praeceptores servum cervumque u et o literis scripserunt, quia subiecta sibi vocalis in unum sonum coalescere et confundi nequiret, nunc u gemina scribuntur ea ratione quam reddidi (cf. 1, 4, 11): neutro sane modo vox quam sentimus efficitur.*

4) Boissieu *inscr. de Lyon* p. 139. Vgl. Orelli n° 7421 Z. 30 u. 31. *dium Claudium* u. *divom Titum;* und Renier *mélanges d'epigraphie* p. 69: *divos Hadrianus latum clavom.*

5) *Corp. inscr. lat.* 1 n° 16.

6) *Corp inscr lat.* 1 n° 1418.

7) Lucil. *lib. 22. fragm. 2. Luceili columella hic situs Metrophanes.*

Schrift zeigt sich Reaction gegen die Abwerfung des *s* schon seit dem sechsten Jahrhundert; im siebenten steht *vocitatust* auf der Genueser Tafel sehr vereinzelt, man schrieb *Lúcius Múmmius dónum,* während die Aussprache alter Gewohnheit folgte; der Verfasser der Scipionengrabschrift n° 34 zog *is hic situs quei nunquam victus est virtutei* einem *situst* vor. Plebejer oder Kleinstädter, die auch nach Cicero hier und da *lectu* für *lectus* und dergleichen schreiben, bezeugen eben dadurch ihre Rusticität [1].

48. *Schwund des m des Neutrum.* Beim Neutrum fällt das auslautende *m* ab, wie vorher *dono* so auch *donu corp. inscr. lat.* 1. 168 oder 62, wo die eine Seite der Bronze in älterer Lautierung *C. Placentios Marte sacrom,* die andere in jüngerer *C. Placentius Marte donu dede* aufweist: *gremiu* und *signu* auf Inschriften der ersten Männer bis in die Gracchenzeit, *bónu ius* oder *málu* „zum Henker" bei den Scenikern, ja *conditúmst consilium* aber nur in Anapästen bei Plautus [2]) dem obigen *situst* entsprechend. Obwohl schliessendes *m* vor Vocalen, wie bekannt, immer schwand, hier also minder hörbar war als *s,* muss es vor Consonanten umgekehrt fester gewesen sein als schliessendes *s,* wenn auch die Inschriften verschiedene Behandlung beider im ältesten Latein nicht erkennen, sondern Consolidation um dieselbe Zeit eintreten lassen [3]) (620—630). Denn Formen wie *iússu(m) sit* haben die Sceniker im letzten Fuss nie mehr zugelassen, und bereits die ennianische Metrik erhebt die volle Geltung des *m* vor Consonanten zum Gesetz.

49. *Ausstossung des o des Stammes nach einem Consonanten.* Andere Nominativformen der *o*-Stämme beruhen auf der Ausstossung des *o*-Vocals. Das alte *dare damnas esto,* entstanden aus *damnat(o)s,* stimmt überein mit umbrischen und oskischen Bildungen, umbrisch *pihas* oskisch *húrz* [4]) (lat. *piatus hortus*); die genueser Tafel bietet Z. 15 *termins* neben wiederholtem *terminus* und Nom. Plur. *termina,* ganz wie umbrisch *Ikuvins,* oskisch *Bantins* (lat. *Iguvinus Bantinus*), für das Jahr 637 freilich eine allgemein beseitigte Antiquität.

50. *Ausstossung des o des Stammes nach einem i.* Häufig liess das alte Latein nach *i* das stammhafte *o* fallen, *Clodis Cae-*

---

1) Cic. *orat.* 48 (161) bezeichnet diese Licenz als eine „*offensio quam nunc fugiunt portae novi*", und nennt den alten Brauch *subrusticum.*

2) Plaut. *Pseudul.* 575.

3) Ritschl *priscae latinitatis monumenta* p. 123.

4) *húrz* bedeutet im Oskischen Tempel (geheiligtes Gehege).

cilis für *Clodios Caecilios*[1]), wie ausser den italischen Sprachen auch das jüngere Griechisch in *δημήτρις Φιλημάτιν*; so erhält sich neben *alius* noch lange *alis*[2]), *volgaris* neben *volgarius* mit Uebergang in die *i*-Declination[3]).

Das Nebeneinander von Formen wie *Verrius* (*lex Verria* wie *lex Iulia*) *Verres Verris*[4]) und deren Vergleichung mit *aidiles aidilis* giebt zu bedenken, ob nicht die Mehrzahl · der Nominalstämme, welche nach Massgabe des gewöhnlichen Auslautes oben als *i*-Stämme betrachtet wurden, im vorgeschichtlich Latein noch ein volleres Wortbildungssuffix *io*[5]) trugen. *alios alius* verwandelt sich in *alis* durch Assimilation des *o* oder *u* an das vorhergehende *i*, worauf Contraction erfolgte; so geht im Oskischen *iís* nach *i* regelmässig in *ís* oder *is* über, dann in blosses *s*, *Vítnikiís Piípidiís Stenis* lat. *Vinicius Popidius Stenius*. Wenn bei Plautus *filius* und *gaudium* zweisilbig gesprochen werden kann, so kommt dies im Grunde auf eins heraus mit der Schreibung *filis* und *gaudim*; da jene Aussprache nur noch in freieren Wortmaassen vorkommt, so ist damit der Zeitpunkt bestimmt für die Ausmerzung solcher Formen in der Schriftsprache. Regelmässiger Wechsel von *Sulpicius* und *Sulpicis* vertrug sich nicht mit festem Betonungsgesetz; die Betonung schon lehrt, dass eine Bildung wie *dámnas* der vorlitterarischen Periode angehört.

51. *Schwund der Endung os im Nominativ der o-Stämme.* Indem in *Clodis Cornelis* der Schlussconsonant unterdrückt ward, entstanden die auf den ältesten Inschriften nicht seltenen Formen *Clodi Corneli*, als Nominativo zuerst erkannt von Mommsen[6]).

---

1) *Corp. inscr. lat.* 1. n° 856 und 842.

2) *Corp. inscr. lat.* 1. n° 603 *alis ne potesto* n° 2633 (27 p. Chr.) *eique omnes alis alium .... receperunt.*

3) Ritschl, *Bonner Programm* März und October 1861. (Opusc. IV S. 446ff.)

4) *Corp. inscr. lat.* 1. n° 1150.

5) cf. G. Curtius, *de adiectivis.* Programm Leipzig 1870. — Die mit dem Suffix *ali* gebildeten Namen der Feste (cf. *bacanal* in dem berühmten Senatusconsult) werden im Plural öfter nach der *o-* als nach der *i*-Declination flectiert.

6) Mommsen: *Römisches Münzwesen* p. 471. (*Corp. inscr. lat.* 1. n° 1478) *heisce magistratis coira(r)nn(t): C. Poplici C. f., L. Cervi L. f., M. Cacici* etc. F. Neue, *Formenlehre d. latein. Sprache* 1. § 24. sieht in diesen Formen nur Abkürzungen und führt als unbestreitbare Beispiele an: *Var, Aimil, Aemi, Afran, Alb, Lucre, Cantin, Cor, Corne, Cornel, Caes, Gracci, Pisid, Pupil, Public, Rosc, Valer* etc. Das Senatusconsult über die Bacchanalien weist auf: [Q.] *Marcius L. f. S(p.) Postumius L. f. cos. senatum consoluerunt n(onis) octob. apud aedem Duelonai. sc(ribendo) arf(uerunt) M. Claudi M. f. L. Valeri P. f.*

52. *Schwund der Endung os im Nominativ bei vorhergehendem r.* Denselben Schwund der ganzen Endung *os, us* hat die Schriftsprache bei vorhergehendem *r*: alt *socerus,* wie griech. ἑχυρός gewöhnlich *socer*[1]); ursprünglich und von Nachahmern des Griechischen erhalten *Euandrus Alexandrus*[2]) gewöhnlich *Euander Alexander* zur Erleichterung der Aussprache mit dem Hülfsvocal *e* wie *Casanter(a)*[3]) für *Casantra*[4]).

Das im Nominativ eingeschobene *e* wird in der Flexion überflüssig, *ager caper ruber* griech. ἀγρός καπρός ἐρυθρός Gen. *agri capri rubri,* während es bleibt, wo es stammhaft ist wie in *prosper corniger.* Doch wird auch da, z. B. beim comparativischen *ter,* das *e* nicht selten verschluckt: alt *magisteres*[5]) gewöhnlich *magistri, dexteram* und *dextram,* vereinzelt *itrum* neben *iterum*[6]). Umgekehrt brauchen die alten Dichter *altrum* zweisilbig nach Analogie des oskischen statt des dreisilbigen *alterum. uterum* statt *utrum* bei Naevius[7]).

Caecilius sagte *nunc uter crescit*[8]), später Afranius in d. *com. togat. uterus crescit* oder *uterum consedit*[9]); nur *numerus umerus erus iuniperus*[10]) scheinen *us* nach *er* allzeit gehalten zu haben. *pover* aus *porerus*[11]) geht über in *puer*[12]) oder in *poer por* und die consonantische Flexion: letztere Bildung erhielt sich bei den alten Sclavennamen wie *Publipor,* Dativ *Naepori,* Nom. Plur. *Marcipores*[13]); *mulciber* flectiert den Gen. *mulcibris* und *mulcibri,* wie

---

Q. Minuci *C. f.* Die Namen der Schreiber sind einfach abgekürzt, aber die Namen der beiden Consuln sind vollständig ausgeschrieben.

1) Plaut. *Menaechm* 957: *dbiit socerus, dbiit medicus: sólus sum.* 1046 *sócer et medicus me insanire aiebant.*

2) Vergil *Aen.* 8, 100, 185, 545, 548. Marini, *frat. Arc.* p. 451.

3) *Corp. inscr. lat.* 1. n° 1501. Ciste in Präneste gefunden.

4) Quintilian 1, 4, 16.

5) *Corp. inscr lat.* 1. n° 73. p. 28. *add.* p. 554.

6) *Corp. inscr. lat* 1. p. 478. a. u. 711.

7) Naev. v. 53 ed. Ribbeck: *uterum est melius virginemne an viduam uxorem ducere?* ib. v. 115.

8) Caec. bei Non. p. 189.

9) Afran. 348: *ferme virgini tam créscit uterus quasi quam gravidae múlieri.* 345: *(con)sédit uterum.* Ribb. 2. Aufl.

10) F. Neue, *Formenlehre der latein. Sprache* I², p. 76.

11) *bene débet esse porero qui discet bene.* Inschrift von Stein am Anger.

12) cf. § 86.

13) Gruter p. 952, 11: *P. Rubrio Latino Sicinius P. por patrono suo b. m.* — *Corp. inscr. lat.* 1. n° 1539 e p. 561 *Naepori.* Prisc. 6. p. 700. P. § 48 p. 296. II .. *et a „puero" composita „Publipor Publiporis"* et *„Marcipor Marciporis"*

der Etymologie nach *saluber* Gen. *salubris* und *salutifer* Gen. *salutiferi* identisch sihd. *Νικήφορος* wird latinisiert zu *Niceporus*[1]), dann achtmal auf alten Inschriften *Nicepor*[2]) wohl unter Einwirkung der erwähnten Sclavennamen. Desgleichen schwindet *os, us* in *vir levir salur.*

53. *Famul.* Nach vorhergehendem *l* ist der Wegfall beschränkt auf *famul*[3]), gleich dem oskischen *famel*[4]).

54. *Nihil und non.* Zwei Wörter verlieren die Endung *om,* um vollständig, *nihil* aus *nihilum* und *non* aus *noinom*[5]). Für die Abschwächung in *nihil* war die frühe Annäherung des Wortes im Gebrauch an die Partikeln von Einfluss. So war die Grundform *noinom* „nein", welche in *noenum* und *noenu* bis in den Anfang des achten Jahrhunderts von Schriftstellern fortgepflanzt ward, schon im Beginn der römischen Litteratur zu *non* abgestumpft mit Einbusse der Endung und des *i*-Lautes[6]) (vergl. *coiraveront,* häufig *coeraverunt,* einmal *coraveront,* einmal *couraverunt* zum Zeichen des Mischlautes beim Umschlag in *curaverunt)*[7]).

Nominativ Singularis der Personalpronomina.

55. Dem Personalpronomen dienen als Nominative für die erste Person *ego* mit langem *o* noch in den Kretikern und Bakcheen des Plautus wie griech. *ἐγώ,* dann stets verkürzt bis auf die Zeit, wo alle Prosodie ins Schwanken geräth[8]); für die zweite

---

quae o non producunt in obliquis casibus: unus constitit in agro Lucano gnarus loci, nomine Publipor (Sallustius in III historiarum hoc protulit).

1) *Corp. inscr. lat.* 1. n° 1033.

2) *Corp. inscr. lat.* 1. n° 1032.

3) Ennius ann. 317 (Non. p. 110). *mortalem summum Fortuna repente | reddidit, e summo regno ut famul infimus esset.* — Lucret. 3, 1033 *ossa dedit terrae proinde ac famul infimus esset.*

4) Mommsen. *Unteritalische Dialekte* p. 229 u. 308.

5) Nonius p. 143—144 hat dreimal *noenom* in d. Mss. — Zur Abschwächung des *oi* in *ū* vergl. die des *ai* in *ā* in *Saturnus* (*Corp. inscr. lat.* 1. n° 48 *Saeturni pocolom*).

6) *Corp. inscr. lat.* 1. n° 34. *quoiei vita defecit, non honos, honore.*

7) *Corp. inscr. lat.* 1. n° 563. *magistreis conlegi mercatorum coeraverunt.* 565. *heisce magistreis Venerus Iovine muru aedificandum coirarerunt.* 73: *magistere(s) coraveron(t)* (cf. *addenda* p. 554. Der Index verweist irrthümlich auf n° 63). — 1419: *sacellum d. s s saepiundum couraverunt.*

8) (Vitalis Blesensis) *Amphitryon* v. 167 *utar egō saxis;* bei Dracontius mehrfach Verse wie: *tali semper egō dignatus coniuge felix.*

Person *tū* griech. τὶ́ σὶ́. Das Pronomen der dritten Person, nur reflexiv gebraucht, entbehrt des Nominativs.

56. Die geschlechtigen Pronomina schliessen sich im Ganzen an die Nominalstämme an.

57. *quis und qui.* Das Interrogativum *quis* ist auch weiblich[1]) wie das griechische τίς; in alten Gesetzen findet sich einige Male wie das oskische *pis quis* für das Relativum *qui* oder vielmehr für *quisquis*[2]), das in einer Auguralformel bei Varro *quirquir*[3]) lautet, mit Verlust des *s ecqui, siqui*[4]). Das als Relativum fixierte *qui* gilt als adjectivisches Interrogativum oder Indefinitum, *quis* als substantivisches, während *aliquis* als Substantivum und Adjectivum dient. Die *tabula Bantina* um 630 hat unterschiedslos *quisque eorum* und *queique eorum*[5]). *qui* lautete vor Cäsar gewöhnlich *quei*, auf der Grabschrift des Protogenes *que*[6]); diese bis c. 500 d. St. hinaufreichenden Formen des Latein stehen weit ab von den näher zusammenliegenden osk. *pús*[7]) umbr. *poi*, welchen lat. *quos* oder *quoe* analog wäre.

58. *Is und idem.* *Is* begegnet schon im sechsten Jahrhundert, *eis* also langes *i* dreimal in der *lex repetundarum* um 630[8]), der Orakelspruch n⁰ 1447 *iubeo et is ei si fecerit gaudebit semper*, unbestimmt gehalten, wie alle, mag in der Urform *ioubeo et eis ei si faxit* geheissen haben. Nicht selten findet sich bis auf Cäsar *eisdem* und *isdem*[9]); wie man *patronus isdemque coniux* sagte, so schrieben Plebejer der Kaiserzeit mehrmals um die Syntax unbekümmert

---

1) Plaut. *Epidic.* 4, 1, 6. *quis mulier est.* — *Corp. inscr. lat.* 1. n⁰ 196 p. 43 (*Sen. cons. de Bacchan*): *magister neque vir neque mulier quisquam eset.*

2) Neue, *Formenlehre* II². p. 219 citiert: Fest. (p. 166) *pecuniam quis nancitor habeto.* — Cato *de re rustica* 145, 1. *homines eos dato qui placebunt aut custodi, aut quis eam oleam emerit.*

3) Varro, *De lingua latina* 7, 2, 8.

4) Cic. *pro Cluent.* 12, 33. *Verr.* 2, 4, 8, 18.

5) *Corp. inscr. lat.* 1. p. 45 n⁰ 197, Z. 14, 16, 23.

6) *Corp. inscr. lat.* 1. 12.07: *plouruma que fecit populo soueis gaudia nuges.*

7) *pús* gilt heutzutage für nom. plur.

8) *Corp. inscr. lat.* 1. n⁰ 198. Z. 9: *sei eis volet patronos sibei in eam rem darei;* Z. 24: *tum eis pr(aetor) facito ut is ... Z. 83.*

9) Ritschl, *Bonner Programm* Oct. 1855. (*Opusc.* IV S. 313 f.)

patrono isdemque coniugi[1]); mit Verdrängung des *s* wurde *eidem* und *idem* — auf der Grabschrift eines Proletariers auch *eide*[2]).

59. *Hic.* Auf der ältesten Scipionengrabschrift steht Nom. *hec* aber zugleich *hic*[3]), nach Ablösung des Affixes *ce* gleich jenem *que* und *qui* (57), obgleich Nom. *heic* nicht vorkommt; der Volksmund verkürzt *hīc* und so die Sccniker, aber die classische Prosodik restauriert die Länge, welche der Ursprung, sei es aus *hisce*, sei es aus *ho-i-ce,* gebot.

60. *Ille und iste.* *Ollus leto datus est*[4]) rief der Leichenbitter, *istus* findet sich bei Plautus[5]), mit abgeschliffener Endung *ille iste,* dann *illic istic,* mit der Fragepartikel *illicine* gebildet und in der Quantität behandelt wie *hic* und *hicine*[6]).

61. *Ipse. Ipsus* und *ipse* hatten verkürztes *i* bevor das Positionsgesetz durchgeführt war[7]); *ipse* braucht nicht erst aus *ipsus* geschwächt zu sein, da bald das erste, bald das zweite Compositionsglied der Declination unterliegt wie *eumpse* und *ipsum, eapse* und *ipsa*[8]).

62. *Alis, sovos etc. Alius* kommt bis zu Ende des siebenten Jahrhunderts mit der Nebenform *alis*[9]) vor; *alter uter nullus, sovos* jünger *suos* schliessen sich den *o*-Stämmen an.

---

1) Fabretti p. 291 ff. vgl. Renier *inscr. de l' Algérie* 4293: *Roscia Lochagia coniunx idem heres.*

2) *Corp. inscr. lat.* 1. n° 551: *eidemque primus fecei;* n° 1223: *eideque probavit.*

3) *Corp. inscr. lat.* 1. n° 32: *consol censor aidilis hic fuet a(pud vos); hec cepit Corsica(m).*

4) Varro, *de lingua latina* 7, 42.

5) Plaut. *miles gloriosus* 1233: *ergo istus metus me mdcerat, quod ille fastidiosust.*

6) Plaut. *mil. glor.* 22: *aut gloriarum pleniorem quam illic est. — merc.* 813: *si umqudm vidistis pictum amatorem, em illic est. — Pseud.* 954: *illicinest? illic (ipsus) est. — Cistell.* 2, 3, 55: *nempe istic est qui Alcesimarcho filiam.*

7) C. F. W. Müller: *Plautinische Prosodie* p. 360 f.

8) Plaut. *mil. glor. arg.* 3: *edptust ipsus in mari. — v.* 1061: *dabitur quantum ipsus preti poscet.* Paul. Diac. epit. Fest. p. 77 Muell. *eapse ea ipsa.* Man liest jetzt im *Trinummus* v. 950: *si forte eumpse Chdrmidem conspéxeris* und v. 800: *uxórem quoque eampse hdnc rem uti cclés face.* Scipio sagt bei Festus (p. 286): *reque apse;* in der Metrik ist *re apse* zweisilbig. Consentius (bei Keil *grammatici lat.* 5. p. 396, 35) bezeugt das Dasein einer Form *apse.*

9) *Corp. inscr. lat.* 1. n° 603. Z. 10: *alis ne potesto.* 198 Z. 3 (p. 58): *ipse parensve suos filiusve suos heres siet.* cf. gen. plur. *souom* n° 588, abl. *souo* n° 1007, abl. plur. *soueis* n° 198. 1258.

Nominativ Singularis der nicht persönlichen Pronomina.
Femininum.

63. *Sapsa, tora etc.* Das Femininum folgt den a-Stämmen:
illa ista ipsa, bei Pacuv.[1]) *sapsa* gleich ἡ αὐτή von der Pronomi-
nalwurzel sa, wovon Ennius Acc. Fem. *sam* Masc. *sum*[2]) bildete.
Von der Wurzel *i* wird *ea* wohl durch Assimilation statt *ia,* wie
alt und dialectisch *filea Feroneae precarcam*[3]), wie *eamus eant,* so
dass *ea* dem *is* wie *alia* dem *alis* entspricht, *altera utra, tova*
jünger *tua.*

64. *Quae und haec.* Eine Ausnahme machen *quae* oskisch
pai und *hae c,* auch die hiernach geformten *illaec istaec,* welche bis
zum Auftreten des Plautus *quai* und *haic* gelautet haben müssen.
Das Affix *i* fehlt in *aliqua numqua siqua* umbr. *svepu;* locativischen
Ursprungs und aus dem Gräcoitalischen überkommen hat es seine
Bedeutung völlig eingebüsst und fungiert lediglich zur Unterscheidung von gleichlautenden Formen, wie umgekehrt z. B. späte
Theorie im Plur. Nom. Fem. und Neutr. *haec*[4]) durch Weglassung
des Affixes *ce* beim Fem. unterscheidet.

65. *Der Diphthong ai oder ae.* Vor der plautinischen Periode besass das Latein kein *ae* oder *oe;* nur *ai* oder *oi,* wenigstens in der Sprache der Römer nicht, wenn auch in den Strichen,
wo das Latein sich mit dem Umbrischen und Volskischen berührte,
der echte Diphthong schon etwas früher, um 500 d. St., getrübt
erscheint; noch das Document über die Bacchanalien vom J. 568
giebt ausschliesslich *ai* und *oi* in Stamm und Endsilben wie *ai-*
quom foideratei tabelai bis auf das eine Wort *apud aedem Duelonai*[5]),
und der Verfasser der auf das Jahr 494 gestellten Duelliusinschrift
hätte aus einer Masse alter Urkunden, vielleicht auch aus einer
älteren Handschrift von Nävius Epos lernen können, dass *praeda*
und *Poenicas* für jenes Datum weit unpassender sei als *navebus,*
was hinterher in *navebos*[6]) corrigiert ward.

---

1) Pacuv. (bei Fest. p. 325) v. 324 Ribbeck *sapsa res.*
2) Ennius ann. 102 *astu, non vi, sum summam servare decet rem,* 227
nec quisquam sophiam sapientia quae perhibetur | in somnis vidit priusquam
sam discere coepit. Sum cf. v. 135; *sos* 22, 152, 261, 353; *sas* 103.
3) *Corp. inscr. lat.* 1. n° 54: *Dindia Macolnia filea dedit.* 1307 *colomnas*
III de suo dat Feronae. 1464 *precaream.*
4) Plaut. *Amphitr.* 766: *qui illaec illi mé donatum esse aurea paterá sciat.*
5) *Corp. inscr. lat.* 1. p. 43 n° 196 u. 2 p. 699 n° 5041.
6) *Corp. inscr. lat.* 1. p. 38.

31

Nominativ Singularis der nicht persönlichen Pronomina.
Neutra.

66. Beim Neutrum wird *d* angehängt: *id quid* osk. *píd, quod*
osk. *píd, aliud* aus *aliod* und bei Catullus noch *alid, illud istud.*
Das auslautende *t*, welches hier ursprünglich und in anderen Sprachen erhalten ist, war im Latein, wo dies in' die Geschichte tritt,
bereits zu *d* erweicht, wie als Ablativzeichen im Italischen *d* erscheint und zwar im Latein ohne irgend eine Ausnahme.

67. *Abschwächung des d des Neutrum.* Das *d* der Neutra
hatte im sechsten Jahrhundert einen schwachen Laut, ähnlich dem
ablativischen, so dass es Gefahr lief, ganz zerstört zu werden, wie
im Griechischen τί und ἄλλο das Suffix untergieng. Bei Plautus
und Terenz haben an zahlreichen Stellen *quód eius* und *quid huius*
die Geltung eines zweisilbigen Fusses, Trochaeus oder Spondeus.

68. Man nimmt gewöhnlich an, in *quód omnes mortalés sciunt*
(Plaut. *mil. glor.* 55) sei die erste Silbe von *omnes* kurz gesprochen
worden — und es ist wahr, dass in solchem Falle auf das Pronomen meist eine durch Position nicht von Natur lange Silbe folgt —
man ändert gewöhnlich in *quód a me te accepisse fassus* (Plaut.
trinumm. 969) die handschriftliche Ueberlieferung ab; es ist vielmehr wahrscheinlich, dass in der von den Bühnendichtern aufge-
nommenen Aussprache jener Zeit auslautendes *d* der Pronomina
verflüchtigt und dadurch ein Zusammenfliessen der benachbarten
Vocale möglich ward, *quo(d) eius* wie *quo(m) eius* bald Trochäus
bald Amphibrachys, wie nach Belieben *te* oder *ted uti* Spondeus
oder Molossus, im saturnischen Vers 'der Mummiusinschrift aus dem
Jahre 609 *ob hásce rés bene géstas quód in belló vóverat*[1]) dürfte es
angezeigt sein Schwächung des *quod* anzunehmen, weil der Abfall
des einen auslautenden Dentals einst weiteren Spielraum hatte,
(*marid, mari, haul haud hau, dedet fecid dedc)*[2]) daher auch länger
nachgewirkt haben wird als der des Nasals. (*ilcx*[3]) für *inlex* bei
Plautus ist dagegen nicht nur durch den Vers gefordert, sondern
auch durch Nonius p. 10 ausdrücklich beglaubigt.)

1) *Corp. inscr. lat.* 1. n° 541.
2) *Corp. inscr. lat.* 1. n° 1306: *quoniam haud licitum.* 1007: *heic est sepulcrum hau pulcrum pulcrai feminae. haut* ist von Charisius bezeugt. n° 63:
de praidad Maurte dedet. 64: *Fortune dedct.* 62 b: *C. Placentius Her. f.
Marte donu dede.* 54: *Novios Plautios med Romai fecid.*
3) Plaut. *Persa* 408: *impúre, inhoneste, iniúre, inlex, labés popli.* —
Die Manuscripte von Leyden und Wolfenbüttel haben *ilex.*

69. *Fixierung des Dentals; d oder t.* Die Regelung des Auslauts mit Hilfe der daktylischen Metrik führte zur Fixierung des pronominalen *d*, nach dieser war die Aussprache *aliud* bald nicht mehr zu unterscheiden von *aliut*, letzteres mag nach Maassgabe von *aput*, was zuerst die *lex Iulia municipalis*[1]) für älteres *apud* setzt, zu Ende der Republik auch in die Schrift eingedrungen sein; ein Beispiel für pronominales *t* vor der Kaiserzeit fehlt, das correcte Latein hielt dauernd an *d* fest und überliess die Vermischung z. B. von *quod* und *quot*[2]) dem Haufen der Ungebildeten und den Abschreibern der classischen Texte. Seneca[3]) schrieb z. B. (wie man noch nicht bemerkt) *quot tamen gravissimos casus intra spatium humanae senectutis tulit*, wo die Bamberger und Strassburger Handschriften *quod* haben.

70. *Hoc. Hoce*[4]) in *Sen. cons. de Bacchan.*, gewöhnlich *hoc*, entstand aus *hodce* wie *ac* aus *atque* und war im sechsten Jahrhundert mittelzeitig.

71. *idem als Neutrum.* Auch *idem* als Neutrum war damals mittelzeitig, jenachdem *d* in *id* lautliche Geltung zugestanden erhielt oder nicht; und plautinische Verse wie *tu hercle idem faceres si tibi esset credita* oder *sed erám meam quae te démoritur … multae áliae idem istuc cúpiunt* (mil. glor. 838 und 1040) dürfen in Zukunft nicht angetastet werden. *eaedem leges eidemque ious* schrieb noch die *lex de Thermensibus* unter Sulla. Differenzierung der Quantität war ein ziemlich spätes Mittel zur Sonderung des Neutrum von Masculinum.

72. *Neutra in um.* Für *ipse* findet sich blos *ipsum*, die Neutralbildung der *o*-Stämme; (*ipsud* nur in der Zeit des Verfalls der Sprache in der *Itala* und *Vulgata*[5])). Dieselbe Endung bei *meum quoium* ist nicht anomal, weil die Pronomina abgeleitet sind. Plebejisch ist *alium nomen*[6]) für *aliud*; griechisch τοσοῦτον neben τοσοῦτο.

---

1) *Corp. inscr. lat.* 1. p. 120. Z. 15 u. 84: *aput forum; p. 122 Z. 120: aput exercitum.*

2) *Corp. inscr. lat.* 1. n° 1016: *reliquias quod superant* Auch die besten Urkunden der Kaiserzeit haben *quodannis* statt *quotannis.*

3) Sen. epist. 91, 14.

4) *Corp. inscr. lat.* 1. n° 196 Z. 25 p. 43: *atque utei hoce in tabolam ahenam inceideretis.*

5) Cf. Herm. Roensch *Itala und Vulgata* p. 276 (Marburg 1869).

6) Fabretti 95, 211: *haec aedicla alium nomen non sequetur.*

Nominativ des Pluralis.

73. Die geschlechtigen Nomina nehmen im Altindischen das
Suffix *as* an, im Griechischen *ες*, bei vocalischen Stämmen regelmässig mit Steigerung vor dem Suffix, im Italischen meist blosses
s mit Dehnung des Vocals bei vocalischen Grundformen.

74. *Nominativ Pluralis der e-Stämme.* Bei den *e*-Stämmen
zeigt das Latein keine andere Bildung als *spēs* und *diēs*; die meisten werden übrigens in die a-Declination umgesetzt, Sing. *intem-
peries* neben *intemperia*, Plur. *intemperiae.*

75. *Nominativ Pluralis der u-Stämme.* Bei den *u*-Stämmen
hat der Pluralis *fructūs idūs quinquatrūs*, aber bei Plautus *iám
mihi sint manūs inquinatae* [1]); man kann streiten, ob diese Kürze
erst durch den häufigen Gebrauch des Wortes aus ursprünglicher
Länge sich entwickelte, oder ob eine andere alte Bildungsweise
hier traditionell gewahrt blieb, wie im Griechischen *ἰχϑύες* ohne,
πήχεις aus *πήχεες πήχεϝες* mit Steigerung des Vocals.

76. *Nominativ Pluralis der i-Stämme.* Die *i*-Stämme nehmen
die Endung *ēs* an, *hostes puppes tres*, wie im Umbrischen Nom.
Plur. *puntes* vom Stamm *punti*. Die Endung *es* ist nach den Inschriften, welche bei dem beständigen Schwanken der Handschriften zwischen *e* und *i* allein einen sichern Maassstab abgeben, bis
auf die Kaiserzeit ausschliesslich im Gebrauch; nur in sieben Beispielen begegnen die Endungen *eis* und *īs* [2]), *ceiveis*, *pelleis*, *fineis*
und *finis* auf der genueser Tafel die alleinigen Formen, *atriensis
mendacis*. Die Lehre, dass den *i*-Stämmen ursprünglich das Suffix
is zukomme, ist historisch nicht begründet; anderntheils gehen seit
dem achten Jahrhundert *es* und *is* öfter nebeneinander her, Varro
billigte *hae puppes restes* und *hae puppis restis*, handschriftliche
Belege, deren Lachmann zu Lucr. p. 56 einige zusammenstellt,
können mit Leichtigkeit aus jedem Autor vermehrt werden; aus
Plaut. *mil. glor.* seien hier notiert *familiaris* 183, *omnis* 659. 1264
u. a., *auris* 883, *nescientis* 893, *aedis dotalis* 1278, *muliebris* 1359,
foris 1377. Die Endung *eis* bildete im siebenten Jahrhundert den
Uebergang von *es* zu *is*.

Nominativ Pluralis der consonantischen Stämme.

77. *Das Suffix ĕ(s); sein Schwund.* Die consonantischen
Stämme hatten wohl noch im fünften Jahrhundert das Suffix *ĕs*,

---

1) Plaut. *mil. glor.* 325.
2) Hübners Index p. 604.

lat. *patrēs*, griech. *ᾱατέρες*. Da der kurze Vocal dem *s* keinen
Halt gab, fiel dies ab: *matrona Pisaurese*[1]) für *matronae Pisau-
renses* von consonantischer Grundform *Pisaures*, wie solche in
Thermesum neben *Thermesium*[2]) und sonst mit *i*-Formen wechselt.
Auch *ĕ* fällt noch ab, wie *rectigal* aus *rectigale*, so dass alle Endung preisgegeben und der Nom. Plur. dem Stamme gleich ward,
ganz wie im Oskischen *censtur* und im Umbrischen *frater* (lat.
censores fratres): so die alten Tribusnamen *Ramnes Tities Luceres*[3])
neben *Ramneses Titienses Lucerenses*, so *quattuor* oder *quattor*, das
im oskischen Neutrum *petora* und im griechischen *τέτταρες τέτταρα*
noch flectiert ward. Das Suffix *ĕs*, *ĕ* hört auf um das Jahr 540:
plautinische Anapästen. wie *trinum*. 835 *ita iám quasi cánes haud
sécus circum stabánt navem turbines venti* oder *Stichus* 311 *somnóne
operam datis? éxperiar fores án cubiti ac pedes plús valeant* wird
man am besten in dieser Art beurtheilen, *canĕs pedĕs turbinĕs* wie
griechisch *κύνες* und *πόδες*, zum Theil mit Ausstossung des *s* wie
in jenem *secus; fores* das in anderen Casus den *a*-Stämmen nach-
gebildet ist (*foras* und *foris* in genauer Uebereinstimmung mit
θύραζε und *θύραυιν*) verräth hier consonantische Grundform (*for*)
und behauptet durch den steten Gebrauch das kurze Suffix bei
den Dramatikern selbst im Dialog, z. B. *sed fóres vicini proxumi
crepuérunt*[4]). Den Grund, warum im Beginne der Litteratur das alte
Suffix schwindet, wird man im Bedürfniss nach Deutlichkeit und
Durchsichtigkeit der Sprachgebilde sehen müssen: *ĕs* war gänzli-
cher Zerstörung ausgesetzt, dazu der Verwirrung mit dem Genetiv-
Suffix, das aus altem *os*, *us* damals auch schon in *es* umgesetzt
war. So trat denn Dehnung des *es* ein, richtiger gesagt, die consonantischen Stämme giengen alle in die *i*-Declination über, ein
Process, der von den zahlreichen Wörtern ausgegangen sein wird,
bei welchen Grundformen auf *i* und consonantische neben einander
existierten.

78. *Die Endung ēs.* Das Suffix *ĕs* schwand. Statt *bovĕs*
homerisch *βόſες* vom Nom. Sing. *bos* gilt jetzt allgemein *bovēs* wie
vom Nom. Sing. *bovis*, ebenso *regēs mancipēs legentēs virginēs*

---

1) *Corp. inscr. lat.* 1. n° 173: *matrona Pisaurese dono dedrot.*
2) *Corp. inscr. lat.* 1. p. 114: I 2 *Thermesium maior(u)m*; II 7 *Thermesum maiorum* (*Lex Antonia de Termessibus*).
3) *Varro, de lingua latina* 5, 55. Propertius 5 (4), 1, 31: *hinc Tities
Ramnesque viri Luceresque coloni.*
4) Plaut. *mil. glor.* 410.

consulēs oratorēs flores, auch bei griechischen Wörtern, wo die jüngere Dichtung die griechische Form *grypēs* zurückführte[1]). 79. *Die Endung īs.* Auch dies *ēs* gieng nachmals in ĭs über, freilich wenn man die alten Inschriften fragt, so gut wie nie, denn *prai]toris Corp. inscr. lat.* 1. n° 188 gehört einer Zeit an, wo über die Länge oder Kürze der Endung sich nichts bestimmen lässt, möglicherweise also *praitoris* zu *quaistores* wie im Gen. Sing. *salutis* zu *salutes* sich verhält, und das einmalige *ioudicis* in der *lex. repetund. Z.* 38 neben *ioudices* oder *iudices* fällt gegen die Masse der gewöhnlichen Formen nicht in's Gewicht; wenn der Regierungsbericht des Augustus einmal (4, 46 Mommsen) *pluris* hat neben *plures*, so bleibt darum doch *maioris* für urbanes Latein so verwerflich, wie wenn jemand aus *pluria* auf *maioria* schliessen wollte. 80. Kein Mavortius und Nicomachus wird dergleichen Nominative, welche im Vulgärlatein wucherten, wie *hospis* für *hospes* und unzählige andere, welche durch das Schwanken des homonymen Acc. Plur. zwischen *es* und *is* begünstigt wurden, bei der Emendation alter Texte zugelassen haben, was natürlich nicht verhindern konnte, dass sie in alle unsere Handschriften eingedrungen sind, beispielsweise in Plaut. *mil. glor.* 78 *satellitis*, 118 *praedonis*, 659 und 1359 *moris*, 733. 735. 758 *hominis*, 1392 *mulieris*. Darin aber, dass auch die Handschriften *is* immer seltener bei consonantischen als bei *i*-Stämmen darbieten, zeigt sich eine Nachwirkung der durch die Inschriften erhärteten Thatsache, dass bei letzteren *es* früher und durchgreifender in *is* verwandelt ward, als bei den ersteren.

Nominativ Pluralis der a-Stämme.

81. *Die Endung as.* Auch bei den *a*-Stämmen scheint die herkömmliche Form *silvae* aus *silvai* jüngere Bildung trotz der Uebereinstimmung mit dem griechischen ἐλαι. Die ältere schloss sich vielmehr an die andern mittelitalischen Sprachen an und lautete *silvās* wie oskisch *scriftas*, umbrisch *urtas* (lat. *scriptae, ortae*), wie bei der Abart *speciēs*. Diese Form selber ist freilich nicht beglaubigt, denn im Vers des Pomponius *atell.* 141 *quód laetitias insperatas modo mi increpsere in sinum*, worin die Weisheit des Nonius[2]) einen „*accusativus pro nominativo*" sah, war das Subject aus dem vorhergehenden zu entnehmen, *laetitias* Objectsaccu-

1) Verg. *Ecl.* 8, 27: *uungentur iam grypes equis.*
2) Non. p. 500. M.

sativ zu dem transitivisch gebrauchten *inrepsere* (vergl. *ea se subrepsit mihi* bei Plaut.[1]) sonst *subrepere* gleichfalls intransitiv).

82. *Die Endung a.* Nach Abfall des *s* entstand daraus *silva*, bezeugt durch zwei bis ins fünfte Jahrhundert reichende Inschriften aus dem pisaurischen Hain: *matrona dono dedrot* und *dono dedro matrona*[2]) für volleres *matronas donom dedront.*

83. *Die Endungen ai, ae.* Der Missdeutung, welcher das des Suffixes beraubte *silva* unterliegen musste, half die Sprache durch Aufnahme eines neuen Bildungsprincipes ab, das der pronominalen Declination entlehnt scheint, durch Anfügung von *i* in *silvai* wie *quai* und *haic*; das Affix *i* fliesst mit dem Stammvocal zum Diphthong zusammen, von einer Diärese findet sich keine Spur[3]), also *tabelai datai erunt* in *Sen. cons. de Bacchan.* drei- und zweisilbig, vereinzelt noch um die Gracchenzeit, wo längst *ae* durchgedrungen: *literai* neben *literae*[4]).

84. *Die Endung e.* Das Vulgärlatein confundiert *ae* mit *e*: wenn auf den Samothrakischen Inschriften C. I. L. 1. 578 und 579 richtig *muste* (griech. μύσται) copiert ist, so wäre auch bei dieser Endung die Confusion wenigstens provinziell schon im siebenten Jahrhundert vorhanden gewesen.

Nominativ Pluralis der o-Stämme.

85. Eine doppelte Bildung waltete auch bei den o-Stämmen ob, kurz benannt eine griechische mit Anfügung von *i* an den Stamm, *agroi* ἀγροί, und eine italische mit *s, Romanos* wie oskisch *Núvlanús*, umbrisch *Ikuvinus.* Nur ist geschichtlich der Stammvocal bei beiden Bildungen verloren, ausgenommen die Glossen aus dem Salierlied bei Festus *pilumnoe poploe* (gleich *pilati popli*) und *fesceninoe* (angeblich *qui depellere fascinum credebantur*) wo *oe* von Stilo substituiert war für *oi* wie allgemein in *Adelphoe*[5]).

Uebrigens können diese zufällig erhaltenen Zeugnisse für die Priorität der *i*-Bildung nichts beweisen; umgekehrt spricht, von anderen Gründen abgesehen, auch der Untergang der *s*-Formen

---

1) Plaut. *mil. glor.* 333. cf. *trinumm.* 60: *me inprudentem obrepseris —* Poen. 14.

2) *Corp. inscr. lat.* 1. nº 173 u. 177.

3) Priscian 7, § 9. p. 291. II. 732. P.

4) *Corp. inscr. lat.* 1. nº 207 u. 208.

5) Festus p. 205. *pilumnoe poploe, in carmine saliari, Romani, velut pilis uti assueti; vel quia praecipue pellant hostis. —* Paul. diac. epit. Fest. p. 86. *Fesceninoe vocabantur qui depellere fascinum credebantur.*

in der classischen Periode für deren älteren Ursprung. Die geschichtlichen Formen seit dem Anfang des sechsten Jahrhunderts sind demnach *vires vireis viris* und *vire virei viri*, wobei für den Uebergang aus *oe* in *e* und *i* verglichen werden kann *mocrum pomerium* oder *locbertas lebertas libertus*[1]).

86. *Die Endungen es, eis und is.* Wir haben ungefähr 18 Beispiele von Pluralen der zweiten Declination auf *es*, z. B. *Atilies, coques, magistres*[2]), meist aus dem sechsten Jahrhundert; vierzig etwa auf *eis*, wie *leibereis, liberteis, Vertuleieis gnateis*[3]) von den Gracchen bis auf Cäsar und vereinzelt noch darüber hinaus; etwa 10 derselben Zeit auf *is*, wie *magistris ministris*[4]) auf der genueser Tafel vom Jahr 637 Nominativ *Viturics* und *Veituris*, Acc. *Veiturios*[5]). So verbreitete Formen können von der Litteratur nicht ausgeschlossen gewesen sein: in Plautus (*mil. glor.* 374) *non póssunt mihi minis tuis hisce óculis*[6]) *exfodiri* stimmen die beiden Recensionen, die im Ambrosianus überkommene und die des Calliopius, trotz der Abweichung im übrigen, hinsichtlich der Nominativendung überein; ebenda 44 wird *Sardis*[7]) als Nom. Plur. überliefert lautlich für *Sardi*, sachlich für *Sardiani*. *Menaechm.* 1158 *vénibunt servi supellex fundi aedes*[8]) *omnia* stand von Plautus Hand *fundes* oder *fundis* geschrieben.

87. *Uebergang der o- in i-Stämme.* Es leuchtet ein wie durch die Vocalisation *es eis is* die *o*-Declination ganz in die *i*-Declination übergeht, ein Zug der Sprache, welcher sich auch im Nom. Sing. *alios alis* (s. § 50), im Erscheinen von *hilaris* neben dem bis ins siebente Jahrhundert allein gebräuchlichen *hilarus*

---

1) *Corp. inscr. lat.* 1. n° 617: *aediles moer(um) pedes CIↃCC de sua (p)equnia faciundu(m) coeraver.* Für *pomerium* cf. Orelli 710 (Claudius Vergrösserung d. Stadt) — *Corp. inscr. lat.* 1. n° 465 *libertas,* n° 477 *Libert.* n° 1599 *e Libertas.*

2) *Corp. inscr. lat.* 1. n° 42. *Atilies Saranes C(ai et) M(arci) f(ilii).* 1540: *coques* und *magistres.* 1149: *M. M(an)lins M. f., L. Turpilius L. f. duomvires, de senatus sente(nt)ia aedem faciundam coeraverunt.*

3) Ritschl, *Bonner Programm* Herbst 1855 p. 5. (Opusc. IV S. 317 f.) — *Corp. inscr. lat.* 1. n° 1175: *leibereis luhentes donu danunt Hercolei.* 1553 c: *liberteis hisce fecere patrono.* 1175: *Vertuleieis Lex. repetund.* (p. 63. Z. 77) *gnateis.*

4) Hübner, Index p. 603 f. — *Corp. inscr. lat.* 1. n° 1478: *heisce magistris coira(r)un(t).* 570: *hisce ministris Laribus faciendum coc(rac·runt).*

5) *Corp. inscr. lat.* 1. p. 72 n° 199 Z. 43, 23, 24.

6) Ritschl, *non pótis est mihi minis tuis hosce óculos exfodiri.*

7) Ritschl, *Sardi.*

8) Ritschl, *aedes fundi.*

offenbart. *sacres porci*[1]) lautete der Plural sowohl vom Stamm *sacro* als vom Stamm *sacri*, welche im Altlatein und im Umbrischen neben einander existierten. Die Africaner bildeten den Nom. Plur. *generes*[2]) etwa wie die alten Römer *pores* neben *pueri*. Die zusammengesetzten Adjectiva *unanimus inermus* folgen bald der *o*- bald der *i*-Declination.

87. *Die Endung e.* Nach der anderen Art ohne *s* gestaltet steht *ploirume* bereits auf der ältesten Scipionengrabschrift, anders wo *III vire*[3]).

88. *Die Endung ei.* Seit der Mitte des sechsten Jahrhunderts bis zum Ende der Republik begegnet in zahllosen Beispielen *colonei Iuliei amicei oincorsei createi reliquei*, natürlich *ei* nur Mischlaut von *e* und *i* oder für langes *i* wie griech. *ει* seit Pericles[4]). Lucilius schreibt *ei* im Nom. Plur. zur Unterscheidung vom Gen. Sing. vor, *ut pueri plures fiant*[5]); im Nigidius las Gellius 13, 26, 4, wenn auch abweichend von dem auf uns gekommenen Gelliustexte: *si huius amici vel huius magni scribas, unum l facito extremum, sin vero hi magni hi amici casu multitudinis recto, tum e ante l scribendum erit.* Quintilian erachtet die Schreibung mit *ei* nicht blos für überflüssig, sondern auch für unbequem, weil dann von *aureus* im Nom. Plur. *aurei* eigentlich *e* gedoppelt werden müsste.

89. *Io- und eo-Stämme.* Diese Verdoppelung kam sicher bei den Alten nicht vor, sondern vorhergehendes *e* wie *i* wurde mit dem Casussuffix in *ei* zusammengedrängt; neben *filiei* finden wir *feilei* und *filei*, *socei* neben *sociei*, *librarei* und Nom. *turareis* neben *thurariei*, *magistrei Iovei compagei* für *Ioviei*[6]). Die Contraction erhielt sich stets bei *dei di*. Plautus verstattet sich zweisilbiges *aurei* (von *aureus*) und *fili* noch in Anapästen[7]), die Dramatiker

---

1) Forcellini *ad fin. voc. sacer.*

2) Renier, *inscr. de l' Algérie* n° 2868: *fecerun(t) titu(lum) fili et generes* 1348 *generi* (dat. sing.).

3) *Corp. inscr. lat.* 1. n° 32: *honc oino ploirume cosentiont R(omane?) duonoro optumo fuise viro*; 554 u. 555 *III vire.*

4) Cf. *Corp. inscr. lat.* 1. n° 200 Z. 45 (p. 82) 807 u. 1421; 204 (1. Z. 7, p. 114), 196 Z. 19 (p. 43); 200 Z. 77 u. 206 Z. 24 (p. 121); 206 Z. 151, — hauptsächlich *lex agraria, lex de Termesibus, sen. con. de Bacchan.* u. *lex Iulia municipalis.* — cf. Hübn. ind. p. 604 col. 1.

5) Quint. 1, 7, 15: *ut Lucilius praecipit: iam pueri venere: e postremum fueito atque t ǁ ut pueri plures fiant.*

6) *Corp. inscr. lat.* 1. n° 1275, 1284, 1272; 204 (1, 7 p. 114), 1041; 206 (80 p. 121); 1091, 1092; 571: *magistrei Iovei compagei.*

7) Plaut. *Stich.* 25, *mortis qui esse aurei perhibentur.* Glor. 1081 *perii, quot hic ipse annos vivet, quoius filii tam diu vivont?*

in allen Maassen einsilbiges *mei* wie *dei*[1]), sonst ist jene Licenz
der Volkssprache, wie sie inschriftlich und handschriftlich in
Brutti[2]) und *ali*, einst *alei*[3]) tausendmal erscheint, im feinen Latein verpönt, wenn auch der Neuerer. Properz *Gabi* gesagt hat[4]).
Die pränestinischen Fasten des Verrius haben allerdings *alii*,
und der Gebrauch bei den Dichtern stimmt mit der Regel überein.
Aus diesem Gesichtspunct ist auch die Unterordnung der Prosaiker
unter die grammatische Zucht zu beurtheilen.

90. *Schreibung ei oder i.* Altes *ei* ist in heutigen Texten
nur selten zu seinem Recht gekommen; Stilo oder wer sonst die
plautinischen Stücke zuerst zu einem Corpus vereinigte, setzte für
die *capteivei* und *Menaechmei* diese Form des Titels fest; in den
Handschriften der Autoren bis zu Cicero, diesen nicht ausgeschlossen, und wieder von Trajan ab sind Nominative wie *virei maxumei
aliei prodigei* ziemlich häufig; viele mögen die Grammatiker der
ersten Kaiserzeit, andere die nachfolgenden *subscriptores*, andere
endlich, wie z. B. *natei geminei puerei* Plaut. *Menaechm.* 18 u. 19,
erst die Mönche des Mittelalters in *i* umgesetzt haben[5]). An sich
ist die Endung *i* schwerlich jünger als *ei*, im Anfang des siebenten
Jahrhunderts steht *fructi* neben *fructei*, *flovi* so gut wie *flovici florei*,
und beides auf derselben Urkunde neben Nominativen auf *es eis
is*[6]). Das kaiserliche Rom schreibt lediglich *populi* und ebenso
alii, aber bei consonantischem *i* nur *i ludi plebci* statt *plebeii*. Probus giebt die Regel[7]): *numeri pluralis* hi. Gai.

91. *Das Suffix i.* Die Länge des Suffixes *i* ergiebt sich aus
seiner Entstehung; es gehört zu den Resten jener alle Endungen
entstellenden Sprachperiode, welche mit der Litteratur erlosch,
dass es in plautinischen Anapästen zur metrischen Kürze abgeschwächt ward, *hi loci sunt atque hae regiones, meri bellatores gi-*

---

1) Cf. § 105 d. Voc. u. § 183 d. Gen. desselben Pronomens.

2) Liv. 24, 2, 10. (Pariser Handschrift.)

3) Orelli 613: *ali* mit *i longa*, Liv. 3, 61, 8 Veron. Msc. 12, 3, 9 Wien Msc.

4) Propertius 5 (4), 1, 31: *et qui nunc nulli, maxima turba Gabi.* —
(Lachmann zu Lucr. p. 252.)

5) *maxumei* u. *plurumei* bei Plaut. *Menaechm.* 2, 1, 34. 35. (Ambrosianus) *aliei* u. *virei mercator* 2, 2, 47 — *aliei Pers.* 2, 4, 24, (Ambros.) citiert
Neue, *Formenlehre* I² p. 98. 691.

6) *Corp. inscr. lat.* 1. n° 201, 1, 31 (p. 114): *usei fructeir. sunt.* 199
Z. 36 (p. 73) *fructi sunt.* Z. 23. *ubei conflovont flovi Eklas et Porcobera;* cf. Z. 37
Vituries, Z. 1 *Minucicis,* Z. 13 *hisce.*

7) *Instituta artium* p. 104, 23. (*Gramm. lat. ed. Keil. vol. 4.*)

gnuntur, sogar schliessend *meditáti sunt doli dócte (Pseud.* 595 u. 941. *mil. glor.* 1077).

Nominativ Pluralis verschledener Neutral-Stämme.

92. Die Neutra bilden den Nom. Acc. Voc. Pluralis im Latein wie in den verwandten Sprachen auf *a*, welches bei den i- und *u-* wie bei den consonantischen Grundformen an den Stamm antritt: *milia altaria genua* wie *capita mella corpora*, bei den o-ebemals *a*-Stämmen aber im Stammvocal aufgeht, *ova vascula sacra*.

93. *Quantität der Endung a.* Die Verlängerung des *a* im Pluralis der Neutra darf als ursprünglich betrachtet werden, wenn sie auch nicht durch Contraction des Suffix mit dem vocalischen Stammesauslaut entstand: in den hexametrischen Orakeln *de incerto certá ne fiant, si sapis, caveas* und *de vero falsa ne fiant indice falso* [1]) scheint allerdings die Caesur wesentlich einzuwirken; auf der Scipioneninschrift n° 33 fügt sich die Messung *mors pérfecit tua ut éssent ómniá brévia* am ersten der Regel des Saturniers; in Plautus *Menacchm.* 975 steht *vérbera cómpedes* kretisch, in Terenz *adelph.* 612 *mémbra metu débilia súnt* choriambisch; im Septenar *Stich.* 378 konnte nicht *tónsilia* sondern nur *tónsiliá tapétia* vorgetragen werden; so ungewöhnliche Betonungen wie *nísi carnariá tria gravidá* [2]), *fácinorá puerilia* [3]), *ómniá malefacta* für Plautus sind, finden eine befriedigende Erklärung nur in der damals noch empfundenen mittleren Tondauer des *a*.

94. *Confusion geschlechtiger und ungeschlechtiger Bildung.* — Schwankungen zwischen geschlechtiger und ungeschlechtiger Bildung kommen auch bei i- und u-Stämmen vor, *artus artua, Quinquatres Quinquatrus Quinquatria*, wovon *artua* durch den Usus, *Quinquatria* durch die Grammatiker verworfen ward [4]).

95. *Confusion der Endungen a und ia.* Die Sprache schwankte auch zwischen Grundformen auf i und den durch das Suffix nicht geschiedenen auf o oder consonantischen. Die Participien endigen abweichend von den verwandten Sprachen auf ia, griech. φέροντα lat. *ferentia*, doch hatte Lävius *silenta loca*, wie Gellius 19, 7, 7 meint *ab eo quod est „sileo“*.

Im Singular Nominativ steht *discors* für alle Geschlechter, das Neutrum des Plural hat *discordia* vom Stamm *discordi*. Den

---

1) *Corp. inscr. lat.* 1. n° 1410 und 1441.
2) Plaut. *Pseud.* 193.
3) Plaut. *mil. glor.* 618.
4) cf. Forcellini *ad. voce. artus et Quinquatrus.*

geschlechtigen Formen Nom. Sing. *praecoquos praecoquis praecox*
entsprechen die ungeschlechtigen Plurale *praecoqua* und *praecocia*.
In Jamben wie *omnia ómnes ubi resciscunt*[1]) wird die Aussprache
an *omna* gestreift haben. Sinnius Capito führte aus dass *pluria*,
nicht *plura* zu sprechen, das Wort sei ein absolutes, nicht compa-
rativisches, wie die römischen Grammatiker gar zu oft ein trüge-
risches Abkommen zwischen Analogie und Anomalie trafen. *Com-
pluria* lesen wir bei Terenz[2]), *complura* inschriftlich[3]).

Nominativ Pluralis der Pronomina.

96. *Persönliche Pronomina.* Beim persönlichen Pronomen
sind *nôs* und *vôs* dem griechischen Dual *νώ* und *σφώ*, den altindischen accentlosen und für die *casus obliqui* fungierenden Formen
nas und *vas* verwandt, insbesondere auch durch ihre Functionen
als Accusative. Hier giebt das Arvallied *enos*[4]) *Lases iuvate, enos
Marmor iuvato*, wie im Griechischen *ἐμέ* neben *μέ*. *vople pro vos
ipsi Cato posuit*[5]).

97. *Is. idem.* Beim geschlechtigen Pronomen findet sich
Masc. *eeis ieis* und contrahiert *eis, iei* und contrahiert *ei* auf republicanischen Denkmälern; die *s*-Formen dauern bis zur Mitte des
siebenten Jahrhunderts, *iei* neben *ei* in der *lex Iulia municipalis*[6]).
Pacuvius bei Charisius hat *is*[7]), die Sceniker regelmässig einsilbiges *ei*, wofür selten in Handschriften blosses *i* geschrieben ist[8]),
meist nach dem Gebrauch der Kaiserzeit *ii*. Bis auf Cäsar *eisdem
isdem* wie *eidem probavere*[9]); Plautus hat einmal *éidem*[10]) dreisilbig.

98. *Hic. Hic* hat ebenso einen Plural *heis* und *hei*[11]), für *hi*

---

1) Terent. *hec.* 867.
2) Ter. *Phormio* 4, 3, 6.
3) *Corp. inscr. lat.* 1. *elog.* XXVIII: *complura oppida de Samnitibus cepit.*
cf. Gellius 5, 21.
4) Einige wollen *enom* corrigieren.
5) Jordan. p. 83, 19. Citat aus Paulus Diaconus.
6) *Corp. inscr. lat.* 1. p. 120 n° 206 Z. 21 *ici*, 22 *ei.*
7) Charisius p. 133, 4.
8) Ritschl, *prolegg. trinumm.* p. 98.
9) *Corp. inscr. lat.* 1. n° 198 Z. 27 (p. 59) *eisdem, is(dem)* n° 1270, *eidem*
n° 197 Z. 17 (p. 45); *eidemque probacere* dreimal n° 1161, 1162, 1163.
10) Plaut. *mil. glor.* 768: *séd eidem homines númquam dicunt, quámquam*
adpositumst dmpliter.
11) *Corp. inscr. lat.* 1. n° 565. *heisce magistreis Veneris Ioviae muru*
aedificandum coirarerunt. n° 199. Z. 13. (p. 72 Schiedspruch d. Minucius): *agri*
poplici quod Langenses posident hisce fines videntur esse.

fehlt ein inschriftliches Beispiel vor Augustus, in vollerer Gestalt, wie sie der alte Amtsstil liebte, findet man ausschliesslich *heisce* und *hisce*, so bei Plautus[1]) und bei Livius[2]) in der Formel *hisce homines*. Unter den Kaisern kommt auch das incorrecte *hii* auf, was bei der vulgären Gleichgültigkeit gegen die Aspiration der steten handschriftlichen Verwechselung von *hi* und *ei ii* Raum gab.

99. *Quis qui.* Im Senatsbeschluss über die Bacchanalien wird streng gesondert .Indefinitum *ques* (Nom. Sing. *quis*) und Relativum *quei* (Nom. Sing. *quei*[3]); Pacuvius[4]) flectiert ebenso *ques* beim Interrogativum und in *nescio ques*, Cato hatte geschrieben *quescumque Romae regnavissent*[5]); seit den Gracchen kommt *qui* neben *quei* vor, aber in der Republik nur sporadisch.

100. *Feminina.* Nominativ Pluralis Fem. von *is* ist *eae* aus *eai*, obwohl in der *lex Iulia* vom Jahre 709 Zeile 161 *eai res* nur auf Rechnung des Graveurs zu setzen ist wie *diibus* für *diebus*[6]), *quae, hae, istae* oder rustican *stae* (denn durch Lachmanns Beobachtungen zu Lucr. p. 197 wird die Aphäresis des *i* im Schriftlatein keineswegs bewiesen) kommen oft mit Affix vor, *haec nuptiae* (Fleckeisen rhein. Mus. 7, 271) *illaec* und *istaec contumeliae*.

101. *Neutra.* Der Pluralis der Neutra ist *ea, illa, ipsa*; *haec* und *quae* sind gebildet wie in den entsprechenden Singularformen durch Vermehrung mit *i*; im *Sen. consult. de Bacchan.* kommt die ursprüngliche Form *haice*[7]) vor. Aus der Zeit des Kaisers Claudius haben wir eine Inschrift mit der gräcisirenden Form *quai*[8]), dieselbe Form in der *lex repetund.*[9]) ist Nachklang des alten Latein. In d. *sen. cons. de Bacch.* kommt *qua* statt *quai* vor (*ea Bacanalia sei qua sunt*) ohne *i* und immer *aliqua*. Dazu *illaec* und *istaec* so zu sagen parasitische Schösslinge beim Neutrum wie beim Femi-

---

1) Plaut. *mil. glor.* 374. cf. § 86.

2) Liv. 9, 10, 9: *quandoque hisce homines iniussu populi Romani Quiritium foedus ictum iri spoponderunt, atque ob eam rem noxam nocuerunt: ob eam rem, quo populus Romanus scelere impio sit solutus, hosce homines vobis dedo.*

3) *Corp. inscr. lat.* 1. p. 43 n° 196: *de Bacanalibus quei foideratei esent …Sei ques esent, quei sibei deicerent necesus ese bacanal habere … Sei ques esent quei arvorsum ead fecisent.*

4) Pacuv. *trag.* 221.

5) Charisius p. 91, 17.

6) *Corp. inscr. lat.* 1. p. 123, 125, n° 206 Z. 161 u. Z. 5.

7) *Corp. inscr. lat.* 1. p. 43 Z. 23 *haice utei in conventionid exdeicatis.*

8) *Inscr. regni Neapol.* 2211. *sacrorum principiorum … quai apud Laurentis coluntur.*

9) *Corp. inscr. lat.* 1. n° 198 Z. 34. (p. 60.)

ninnm, welcho der gereiftere Geschmack des achten Jahrhunderts wieder abstiess[1]).

Vocativ.

102. *Nominativ und Vocativ.* Einen besondcren Vocativ bildet das Latein nur im Singular der geschlechtigen *o*-Stämme, und selbst hier tritt leicht der Nominativ an seine Stelle, wie bei Plautus *da meus ocellus, mi anime*[2]) und beständig *deus* (Vocativ *dee*[3]) bei Tertullian wie ϑεέ bei Matthäus). Die neoterischen Dichter nehmen mitunter griechische Vocative herüber wie *Amastri Orpheu Atla* bei Catull Vergil Ovid[4]), aber man schrieb auch römisch *Xystylis face ut animum · advortas* und *poenaque respectus et nunc manet Orpheus in te*[5]). Terenz schrieb immer Voc. *Mysis, Thais* etc.; doch bieten oft, beinahe constant die Handschriften die griechische Form *Mysi Thai* etc., die eigentlich späteren Gebrauchs ist. Fraglich bleibt ob nicht bei den *a*-Stämmen, deren Nom. vor Alters a war wie *dea*, von jeher Vocativ *deā* lautete wie äolisch Nom. κούρα Voc. κοῦρα. — Ennius hat *a: aio te Aeacida Romanos vincere posse* — dagegen Horaz: *nequis humare velit Aiacem, Atridā, vetas cur?*

103. Beim Ruf wird das Nomen auf die kürzeste Form, den blossen Stamm zurückgeführt. Das auslautende kurze *o* wird zu *e* geschwächt: *o bone* wie ὦ φίλε, *triumpe* im Arvallied. Wo die Nominativendung später ganz aufgegeben ward, fiel auch im Vocativ *e* ab, *puerus* bildete *puere*[6]) — *puer* galt für beide Casus.

104. *Vocativ der io-Stämme.* Geht dem Stammvocal *o* ein *i* voraus, so tritt Assimilation von *ie* zu *ii* und Contraction in ī ein, im siebenten Jahrhundert auch *ei* geschrieben. Während das Umbrische die Contraction beim Adjectivum *dio*

---

1) Plaut. trinumm. 77 istaec dicta.
2) Plaut. asinaria 664.
3) Tertull. adv. Marc. 1, 30. o dee haeretice. Prudent. Hamartigenia 931. o dee cunctiparens, animae dator, o dee Christe. — Hor. carm. 1, 2, 42: sive mutata iuvenem figura, | ales in terris imitaris, almae | filius Maiae. — Liv. 1, 24, 7: audi Iupiter, audi pater patrate populi Albani, audi tu populus Albanus.
4) Catull. 4, 13. Verg. Georg. 4, 494. Culex 291. Ovid. Met. 4, 643.
5) Plaut. Pseud. 210. Culex 268.
6) Plaut. mostell. 947: puere nimium delicatu's — 991. puere ianne abis; 965. puere, praeter speciem stultus es. — Neue, Formenl. II² p. 144 citiert die beiden Vocative des Numerale: une uud sole.

zulässt, Voc. *di* oder *dei* gleich lat. *die*[1]), sonst aber vermeidet, umbr. *Fisovie* etwa gleich dem lat. *Fidi*, befolgt das Latein die umgekehrte Praxis, bei Adjectiven *Laertie pie* und ebenso *nuntie*, wo man nicht den Nominativ vorzog[2]), bei Namen *Mercuri Gai Voltei*, auf einer Scipionengrabschrift *Publi Corneli*[3]), später *Taracci* zum Nom. *Taracius*[4]), bei Lygdamus (Tibull) 4, carm. 5 v. 9 *mane Geni, cape dona libens, votisque faveto.* Ausser bei Namen drang die Contraction durch in *fili*, wofür Liv. Andron. *filie* hatte[5]). Laberius, der *oppido quam verba finxit praclicenter* bildete Voc. *manuari* (Dieb!)[6]) wie *aquarius sagittarius* im Gen. *aquari sagittari* von den Eigenschaftswörtern abweichen. Diese Genetive kommen nur als Namen der Thierkreiszeichen vor, nicht bei adjectivischem Gebrauch. — Eine pompeianische Inschrift giebt *Oppi emboliari fur furuncule*[7]) — *emboliari* Voc. von *emboliarius*.

105. *Mi* und *mei*. Der Vocativ *mi* entstand aus *mie* für *mee*; man findet mit derselben Aenderung *mieis* auf einer Scipionengrabschrift[8]) und mit der Contraction *mis* für *meis* oder *miis* bei Plautus[9]); in der Schreibung *mei* z. B. *mei senex* und *anime mei*[10]) unterscheidet sich der Voc. Sing. nicht vom Voc. Nom. Plur., der auch geradezu in *mi* umgesetzt ward, *mi homines* und *mi hospites*[11]); überliefert war Plaut. *mil. glor.* 1330 *ó mei oculi ó mei anime*[12]), beide wurden in *mi* geändert, dies an erster Stelle gar noch in *mihi*, was beiläufig bemerkt den Kritiker berechtigt in der Schreibung des Dativ *mi* oder *mihi* lediglich nach dem Vers sich zu richten. Zu den irrationellen Eigenheiten der Volkssprache gehört *mi domina* und ähnliches das nach Hadrian auch in der Litteratur Aufnahme fand[13]).

1) Ennius ann. 115.

2) Liv. Andron. und Laevius b. Priscian 7, 18; 7, 22.

3) *Corp. inscr. lat.* 1 n° 33: *quare lubens te in gremiu, Scipio, recip(i)t terra, Publi, prognatum Publio, Corneli.*

4) ibid. 1202 *Cn. Turacius Cn. f . . . . eheu heu Taracci! ut acerbo es deditus fato!*

5) B. Priscian 7, 22. *pater noster, Saturni filie.*

6) Gellius 16, 7.

7) *Corp. inscr. lat.* 4. n° 1949.

8) *Corp. inscr. lat.* 1. n° 38: *virtutes generis micis moribus accumulavi.*

9) Plaut. *trin.* 822.

10) Plaut. *merc.* 525 u. Men. 182.

11) Plaut. *cistellaria* 4, 2, 8 u. 9: *mi homines, mi spectatores.* — Petron. *sat.* 116, 3: *o mi inquit hospites.*

12) Ritschl, *mi anime.*

13) Cupor *de orthographia* p. 2244: *mi Paula et mi Aemilia non dicendum.*

106. *Váleri und Valéri.* Es ist von Wichtigkeit dass des Nigidius Theorie, bei Wörtern wie *Valérius Vergilius* im Voc. *Váleri* zu betonen, im Gen. aber *Valéri* im Widerspruch stand mit der Uebung zu Gellius und Priscians Zeit, wo auch im Vocativ *Valéri* accentuirt ward[1]), gewiss ein Zeichen dass die *abscissio* des *e* allezeit im Sprachbewusstsein blieb.

107. *Die Vocative Harpage Dite.* Der Vocativ *Harpage* zum Nom. *Harpax* bei Plaut. *Pseud.* 665 ist ein leicht zu erklärender Metaplasmus; liegt ein solcher auch in der Devotion *Dite pater Rhodine(m) tibei commendo*[2]) zu Grunde, wie von einem Nominativ *Ditus*, oder jene Verschleifung der Nominativform *Ditis* welche oben an *militare* und *simile* dargelegt ward?[3]). Freilich konnte auch der wirkliche Vocativ eines *i*-Stammes, hätten ihn die Römer je gebildet wie die Griechen ihr *μάντι*, nicht anders als *Dite* auslauten.

Accusativ des Singularis.

108. *Accusativ· Singularis der vocalischen Stämme.* Die beiden natürlichen Geschlechter — denn bei den Neutra ist Accusativ und Nominativ eins — nehmen bei vocalischen Stämmen *m* an wie in den andern italischen Sprachen, dem griechisch *ν* entspricht, lat. *Luciom* und 520 u. c. griech. *Λεύκιον.* So haben die *a*-Stämme *portam, tabolam* und ebenso *glaucumam*[4]), die *e*-Stämme *pauperiem nequitiem tristitiem* (neben *tristitiam* oder wie bei Turpilius 126 zu schreiben ist: *ante facta ignosco, mitte tristitatem, Dorcium)*[5]), die *o*-Stämme bis ins sechste Jahrhundert *locom Alixentrom*[6]), genau so wie umbr. *poplom* und osk. *dolom,* im siebenten Jahrhundert als Nachzügler *floriom*[7]) auf der genueser Tafel, wohl unter Einfluss des *v*, bis zu Ende des achten Jahrhunderts regelmässig *avom suom*[8]) neben *populum dolum*; die *u-*

1) Corssen, *Aussprache* II[2], p. 811.
2) *Corp. inscr. lat.* 1. n° 818.
3) Cf. § 36.
4) *glaucuma* ist das griech. Neutrum *γλαύκωμα* Gen. *γλαυκώματος.* Plaut. *mil. glor.* 147 *ei nós facetis fábricis et doctis dolis | glaucumam ob oculos óbiciemus.*
5) O. Ribbeck v. 126 liest in der 2. Aufl. ebenso.
6) *Corp. inscr. lat.* 1. n° 186: *aut sacrom aut poublic(om) locom esc.* — n° 59. *Alixentrom* auf einem Spiegel.
7) *Corp. inscr. lat.* 1. n. 199 Z. 23. (p. 72.)
8) *Corp. inscr. lat.* p. 120. n° 206 Z. 34: *ante tribunale suom propositum habeto.* n° 1007: *suom marcitum corde dilexit soro.*

Stämme *conventum tribum*, denn *grus* Acc. *gruem* folgt stets, *sus* Acc. *suem* fast stets der consonantischen Declination.

Accusativ Singularis der i- und der consonantischen Stämme.

109. Die Endung *im* findet sich nur bei *i*-Stämmen und zwar bei wenigen, bei der Mehrzahl derselben und bei allen consonantischen *em*. — Es liegt aber nahe zu glauben, dass von Haus aus *em* der consonantischen Declination eigen sei, geschwächt aus ursprünglichem *am*, lat. *fratrem*, altindisch *bhrátaram*, und dass die *i*-Stämme ihr Suffix so oft mit dem consonantischen vertauscht haben, weil die Zunge zeigt, dass *e* ein weit bequemerer Vorschlag des *m* ist als *i*. Aber die Vergleichung des grācoitalischen Sprachkreises scheint ein anderes zu lehren: im Griechischen ist das Suffix bei consonantischen Grundformen α nach Schwund des schliessenden Consonanten: φράτορα [1]), im Umbrischen *u* oder in jüngerer Schrift *o*, soweit unsere Quellen reichen, gleichfalls ohne Spur eines Consonanten: *uhturu* und *curnaco* (lat. *auctorem* und *cornicem*), zu beiden passt lat. *em* schlecht.

Andrerseits bilden Grundformen auf *i* im Umbrischen den Accusativ sowohl auf *em* als auf *im*, wobei *m* oft abfällt, *peraknem* und *sevakni(m)* lat. *perennem* und *sollennem* und im Oskischen ist *im* oder in lateinischem Alphabet *im* der *i*-Declination und der consonantischen gemeinsam, *slagim* Stamm *slagi* und *medicim* Stamm *medik*. Es wird dadurch wahrscheinlich, dass auch im Latein *em* die alte Bildung der *i*-Declination war, *aidilem* wie Nom. *aidiles*, und von dieser auf die consonantische Declination übertragen wurde. Den consequenten Uebergang von *em* in *im* hinderte die lautliche Verwandtschaft von *e* und *m*.

110. *i-Stämme.* Zur ausschliesslichen Geltung kam der spitzere Vocal wohl allein in *vim*, wo die Einwirkung des *v* vermuthlich stärker war als die des *m*; selbst bei griechischen Wörtern wie *basim* sind Nebenformen auf *em* keineswegs unerhört [2]).

111. *Inschriften.* Auf Inschriften bis Augustus findet sich sonst nur *turrim* und sehr alt *parti* [3]) für gewöhnliches *partem*, denn die secundäre Unterscheidung an sich identischer Formen wie *partem* und *partim* nach der nominalen und adverbialen Function

---

1) Vergl. übrigens *decem* = δέκα.
2) Orelli 1263 u. 1462. *basem.*
3) *Corp. inscr. lat.* 1. n° 187: *aidiles vicesma parti Apolones dederi.*

war im Jahr 591 noch nicht durchgedrungen[1]), als die *Adelphi* des Terenz aufgeführt wurden. Auf dem gemnesor Denkmal findet sich der fremde Flussname *Lemurim*, auf dem ancyraner *Tanaim*[2]).

112. *Handschriften*. Die Handschriften können nicht viel Glauben in dieser Frage ansprechen: bei Plautus hat der Text *navim* in *mil. glor.* 1300, 1303, und in *Men.* 25, aber die beste Handschrift zeigt *navem; mostell.* 161 hat *messim, trin.* 33 *messem; mostell.* 404 *clavem,* 425 *clavim.* Während bei *decem indecim* der Lautwechsel durch den Tonwechsel erfolgte, war für diese fast lauter paroxytonierten Accusative ohne Zweifel der Consonant vor der Endung von Einfluss, wie schon Reisig hervorhob[3]): man vergleiche nur *clavim navim pelvim ravim vim, cratim lentim neptim restim (restem* Orelli 6404) *sementim* (Cato *de re rustica* 27, aber *sementem* Plaut. *Men.* 1012) *sitim messim* (aus Stamm *messi* für *met-ti) anussim tussim, febrim securim turrim.* Eine kritische Revision und Vervollständigung der Belege aus Handschriften, die nach Schneider, *Formenlehre* p. 206, immerhin wünschenswerth bleibt, wird vielleicht zu einer Erweiterung des von alten Grammatikern erwähnten Kreises von Wörtern führen[4]).

113. *Grammatiker*. Die Endung *im* war nicht auf die erwähnten Feminina beschränkt. Varro brauchte *burim* als Masculinum, wie jeder *Tiberim*.

Charisius und Priscian empfahlen *securim*, Cicero braucht es regelmässig (nur *in Verrem* 5, 47, 123 geben die besten Quellen *securem*), Gellius bezeugt dieselbe Form für Verg. *Aen.* 2, 224; *securem* billigt Consentius ausschliesslich und Priscian bezeugt diese Form für Verg. *Aen.* 11, 656 gegen unsere gleich alten Handschriften. Die Grammatiker, welche sich fertigen Thatsachen ohne Gesetz gegenüber fanden, suchen ein Gesetz zu schaffen: Plinius, der *im* ausser den drei Worten *febrim tussim vitim* nirgends zuliess, der für *navem* sowohl als für *avem* den Accusativ mit *i* verbot auf Grund dessen, dass nach seiner Doctrin der Ablativ *ave* und *nare* lautet[5]), entbehrt bereits des lebendigen Sprachgefühls, das Valerius Probus bewährt, wenn er die Wahl zwischen *turrem* und *turrim* seinem Ohr überlässt[6]).

1) Terent. *ad.* 23: *senis, qui primi venient, ei partem aperient | in agendo partem ostendent.*
2) *Corp. inscr. lat.* 1. n° 199 Z. 7. (p. 72.) *Monum. Ancyr.* 5, 53.
3) Reisig, *Vorlesungen über lateinische Sprachwissenschaft* p. 88.
4) cf. Neue, *Formenl.* 1¹ p. 196 ff.
5) Charisius p. 129, 17 u. 126, 7.
6) Gell. 13, 21.

114. *Adverbia auf im.* Abgesehen von den Nomina hat sich *im* als die regelmässige Form accusativischer Adverbialbildung von i-Stämmen eingebürgert: *statim*, Stamm *stati*, der weiter gebildet ward zu *station*, wie *partim*, Stamm *parti*, weitergebildet ward im Nomen *portio* und Verbum *partiri*, *sensim minutim minutatim* u. a. (s. Corssen *krit. Beiträge* p. 283).

115. Der im Adverbium erstarrte Accusativ drückt die Art und Weise aus, das innerliche Object einer Handlung, wie derselbe Casus sonst das Ziel, das äussere Object: *passim, opitulatum, exsequias, Acheruntem ire* — lauter Accusative mit verschiedener Nüancirung der Casusbedeutung. In der bei den Scenikern üblichen Wendung *ne frustrā sis* liegt keine Schwächung des später allein gebrauchten Ablativ *frustra* vor, auch nicht etwa eine Verstümmelung von *frustram*, da dergleichen Plautus vom letzten Fuss ausgeschlossen hat (*dcccm minas*, zu lesen also *dece minas* im Senarschluss bei Terent. *Phorm.* 667 hat Bentley wohl mit Recht¹ beseitigt), sondern ein Acc. Plur. Neutr., als ob *frustra agere* stünde, mit transitiver Natur von *esse* wie in *nugas esse* und in anderen Sprachen. Man muss beachten, dass gerade die ältesten Autoren bei rein örtlicher Bedeutung des Accusativs oft die Zuthat einer Präposition für nöthig halten, Plautus schreibt *mulierem in Ephesum adrchit*, neben dem blossen Accusativ¹), die beinahe ein Jahrhundert späteren *argumenta* haben nur noch einfach *meretricem Athenis Ephesum miles árehit*, und *depórtat Ephesum, veniret Ephesum*²).

116. *Adverbia auf em.* Adverbia auf *im* hat die Sprache in der vorclassischen Zeit, dann wieder beim Verfall in grossem Reichthum hervorgebracht, doch steht auch ihnen eine ältere Bildungsweise auf *em* gegenüber, denn die Priorität von *autem* und *item* vor *perpetim* oder *mixtim*³) wird wohl niemand bestreiten; beide Endungen verhalten sich zu einander wie uranfängliches *mentem* (Stamm *menti* ersichtlich aus *mentio* und *mentiri*) und gegen das sechste Jahrhundert hin *parti(m)*⁴). Neben *saltem* bestand *saltim*⁵).

---

1) Plaut. *mil. glor.*: 113. — 102 *legátus Naupactúm fuit*, 104 *Athénas advenit*, 116 *ut eam rem Naúpactum ad erum núntiem*, 126 *ait fúgere sese Athénas cupere.*
2) Plaut. *mil. glor. arg.* 1, 1; arg. 2, 4 u. 7.
3) Corssen, *krit. Beitr.* p. 289 ff.
4) Cf. *Corp. inscr. lat.* 1. nᵒ 187 *vicesma parti Apolones dederi.*
5) Plaut. *mil. glor.* 1211 in einer guten Handschrift. Seneca *epist.* 91, 10.

117. *Consonantische Stämme.* Die consonantischen Grundformen nehmen alle *em* an, *auspicem militem architectonem guttu-
rem;* Veränderungen, des Inlautes bei diesen wie *meliorem* aus
meliosem, und sonst, wie, dass alle Römer vor Cicero *Piracum*
dreisilbig sagten, keiner aber, was man irrig den Cicero *ad Att.*
7, 4, 10 für seine Vorgänger bezeugen lässt, viersilbig *Piraeeum,*
bedürfen hier keiner Ausführung.

118. *Quantität des Accusativ auf m. Schwund des m.* Dass
das schliessende *m* die Silbe nothwendig lang mache, rückwirkend
den Vocal verlängere [1]), ist unrichtig; darauf, dass Priscian [2]) in
meridiem rem kurzes *e* hörte, darf kein Gewicht gelegt werden,
aber genug Beispiele der Alten lehren uns, dass auch beim Abfall
des *m* der Vocal kurz bleibt. Anderntheils konnte, wo *m* schwindet, und im 'Vers schwindet es immer vor anlautendem Vocal, die
Zeitdauer des Consonanten dem Vocal zugelegt werden. Jedenfalls
ist immer die Länge als ursprünglich anzusehen: einmal weil sich
sonst die später eingeführte Kürze nicht wohl begründen lässt,
dann aber finden wir auch in einer oskischen Inschrift in Pompeji
einen Acc. Fem. *paam* lat. *quaam* [3]).

119. *Beispiele.* Die Endungen *am em um* waren demnach
mittelzeitig; die Kürze erscheint in den plautinischen Versen:
*nimis véllem hae fores érüm fúgissent, ea caúsa ut haberent malum
magnum* [4]) — *mánüm da et séquere* [5]) — *manäm si protollet, páriter
profertó manum* [6]) — *patrĕm sodalis* [7]) — bei Terenz in: *pro deúm
fidĕm fúcinus* [8]), allerdings in Wörtern, welche der häufige Gebrauch am ersten abgeplättet haben wird; die Länge in den
Saturniern der Scipionengrabschrift: *Taurasiá Cisauna Samnió
cepit* — *duonoro optumó fuise viró* — *subigit omné Loucanam* [9]),
in der dramatischen Metrik ist *em* lang, wenn *rém agit* nicht
pyrrhichisch gemessen wird, sondern .als Tribrachys mit einem
Hiatus, der nur langen Vocalen oder Diphthongen zukommt, und

1) Lachmann, *Commentar zu Lucretius* p. 130.
2) Priscian 7 § 94. p. 366. II. 781 P. Man beachte den charakteristi-
schen Zusatz: *numquam enim ante m terminalem longa invenitur vocalis.*
3) Fabretti, *Corp. inscr. italicarum* n° 2791. *citiuoam paam . . . . . deded*
das Geld welches er gab. — (Zu beachten der lange Stammvocal.)
4) Plaut. *Stich.* 312.
5) Plaut. *Bacch.* 87.
6) Plaut. *Pseud.* 860.
7) Plaut. *Bacch.* 404.
8) Terent. *Eunuch.* 934.
9) *Corp. inscr. lat.* 1. n° 30 u. 32.

ganz ausnahmsweise in der dactylischen, wenn man die Synaloephe
vermied, *inimicitiám agitántes*[1]) oder *reneráta, virúm hunc sédula
curet*[2]).

120. *Schwund des Endconsonanten* m. Die Schreibung des
m greift im sechsten Jahrhundert allmählich durch, die älteste
Scipionengrabschrift (*Corp.* 32) hat von neun Accusativen nur
einen auf m, *Luciom;* die zweite (n° 30) unter fünf einen, *Loucanam*, die dritte metrische (n° 34) *magna sapientia, honore,* neben
saxsum, die vierte (n° 33), welche kaum jünger als die dritte um
das Jahr 600 fällt, lässt das m in *apice* und *gremiu*, wie die Tafel
andeutet, nur weg, weil der Steinmetz mit dem Raum nicht aus-
zureichen fürchtete, endlich in der distichischen auf den Prätor
des Jahres 615 fehlt m nirgends. Amtliche Urkunden gehen mit
constanter Schreibung voran, wie das *Sen. cons. de Bacch.* vom
Jahr 568; bei einigen Wörtern erhält sich alte Gewohnheit länger,
z. B. *inmanu palam dato*[3]) vom Jahr 632, wie bei Plautus *má-
nu(m) da* (s. o. 119); hier und da auch später noch in gut redigier-
ten Documenten, wie in den *Fasten* p. 478 *pace fecit* zum Jahr 713
neben *pacem fecit* zum Jahr 714, im nicht urbanen und vulgären
Latein blieb m vernachlässigt, *porticu faciundu coiravit*[4]) auf der
Inschrift eines transtiberinischen *magister pagi*, bei Fabretti *in via
Ardeatina respiciente longu, latu, coeptu*[5]), jedesmal ohne den Consonanten, daher seit dem dritten Jahrhundert unserer Zeitrechnung
der Ablativ folgt auf Präpositionen, die den Accusativ, und der
Accusativ auf solche, die den Ablativ regieren, indem syntaktische
Regellosigkeit und Verwirrung der Formen sich in die Hand arbei-
teten; in plebejischen Hexametern *huic tumulo possuit ardéntĕ lucer-
nam*[6]) und *circavi totam regiónĕ pedestrem*[7]) kehrt jene Incorrect-
heit wieder, welche die dramatische Verskunst des sechsten Jahrhunderts nur noch im kleinsten Umfang geduldet hatte.

121. *Dice hanc.* Erwähnt seien *illa Censorii Catonis „dice
hanc"* dergleichen Quintilian 9, 4, 39 in alten Büchern fand, Gram-
matikaster aber aus Unwissenheit zu ändern pflegten.

Wenn aber, wie sehr wahrscheinlich ist, F. Meunier (*Mémoires
de la société de linguistique de Paris* 1 p. 34) Recht hat, die alte Lesart

---

1) Enn. *annal.* 275.
2) Tibull. 1, 5, 83.
3) *Corp. inscr. lat.* 1. p. 61. Z. 61. *lex repet.*
4) *Corp. inscr. lat.* 1. n° 801.
5) Fabretti, *inscr. antiqq. explicatio* p. 53, 809.
6) *Inscr. regn. Neap.* 166.
7) Hermes 1. 343.

dice für *dice* zu restituiren, so werden die Schlüsse auf die Quantität des Vocales vor weggefallenem *m*, und auf die Periode der Schreibung verlängerter Silben mit verdoppeltem Vocal hinfällig.

122. *Verwandlung des m in n.* Uebrigens ward das schliessende *m* auch vor consonantischem Anlaut von den Alten nur matt, halb näselnd gesprochen: *hanc culpam maiorem an illam dicam* beleidigte die Empfindsamkeit des Römers, weil er das Schmutzwort *landicam* hörte (Cic. *an Pactus* 9, 22, 2); geradezu *n* ist geschrieben in *gratian referre Inscr. regn. Neap.* 7084 und schon in der *lex Iulia municipalis* (*Corp. inscr. lat.* 1. p. 122 u. 125 Z. 104) *libitinanve faciet.*

Accusativ Singularis der persönlichen Fürwörter.

123. Der Accusativ der persönlichen Fürwörter *me te se* ist lang wie altindisch *mâm tvâm*, sonst ganz gleich dem griechischen *μέ, τέ* oder *σέ, σέ* aus *σfέ.*

124. *Mehe, ἐμέγε.* *Mehe pro me apud antiquos'tragoediarum praecipue scriptores in veteribus libris invenimus* schreibt Quintilian 1, 5, 21; verwechselte er *me* mit dem Dativ, der *mihe* und älter wohl auch *mehe* wie im Umbrischen lautete, oder ward *me* durch eine Partikel verstärkt wie griechisch *ἐμέγε* goth. *mik*, sodass *h* aus ursprünglichem *gh* entstund? Wir finden die Form weiter nicht; Pacuvius schrieb *trag.* 143: *quondam (ei mihi) pigét paternum nomen, maternum pudet profari.*

125. *Med, ted, sed.* Die Accusative werden mit *d* geschrieben bis gegen das Ende des sechsten Jahrhunderts: *Novios Plautios med Romai fecid* sagt die Ficoronische Cista *Corp. inscr. lat.* 1. n° 54, die alten Grammatiker bezeugen die *d*-Form als Accusativ ausdrücklich, so Charisius und Diomedes für den ersten Vers des Curculio: *quo téd hoc noctis dicam proficisci foras,* unsere Handschriften gewähren sie in Uebereinstimmung mit dem metrischen Indicium ziemlich oft, z. B. *néque secum abducét senex | med ét Mnesilochum*[1]); — *tóllam ego ted in cóllum atque intro hinc aúferam*[2]) (D schreibt *tet*); *immo óro ut facias, Chrýsale, et ted úpsecro*[3]); — *núnquam edepol med istoc vinces quin ego ibidem prúriam*[4]); — *ét ob eam rem in cárcerem ted ésse conpactúm scio*[5]); sieht man also ab von *inter*

---

1) Plaut. *Bacch.* 867.
2) ibid. 871.
3) ibid. 909.
4) Plaut. *Stichus* 756.
5) Plaut. *Menaechm.* 942.

sed im *Sen. cons. de Bacch.* und von *apud sed* in der *tabula Ban-tina* [1]), wo allerdings möglich aber gar nicht wahrscheinlich ist, dass das Pronomen bei freierer Rection der Präpositionen im Ablativ steht, so müsste man doch alle geschichtliche Quellenkunde preisgeben, um das wirkliche Alter und die Echtheit jener Formen in Abrede zu ziehen. Es genügt hier eine Anomalie des ältesten Latein zu constatieren, für welche seine eigene und der verwandten Sprachen Casusbildung keinen Anhalt giebt, vermuthlich im Volks-idiom aus Verwechselung des Accusativ mit dem Ablativ erwach-sen, durch die frühe Abschleifung des ablativischen *d* in der Aus-sprache wesentlich unterstützt. (Anders Umpfenbach *meletemata Plautina* p. 4.)

126. *Meme, memet, mepte, sepse.* Die Länge des Vocals bleibt in *meme tete memet*, mit anderm Affix findet sich alt *mepte*, neben *sese* wie das bantische Gesetz schreibt *sepse* noch bei Cicero [2]), vielleicht bei Plaut. *Pseud.* 833 *eae sépse patinae ferrefaciunt ilico.*

Accusativ Singularis der nicht persönlichen Pronomina.

127. *Is; der Stamm sa.* Bei den geschlechtigen Pronomina ist der Accusativ Masc. *eum,* Fem. *eam,* bei den Scenikern meist einsilbig. In den litterarisch überkommenen Gesetzen der zwölf Tafeln, bei Cicero *de legibus* und Festus, auch im Vers des Plautus *mil. glor.* 1424 findet sich *em* und *im* nach der *i*-Declination vom Nom. *is;* in der Composition *eumpse* [3]) aber vor der Dentalis *d eun-dem.* Ennius hat *sum* und *sam* (vom Stamm *sa*) wo das Metrum *eum* und *eam* nicht vertrug; desgleichen führen bei Plaut. *Trucul.* 1, 2, 58 die Handschriften auf eine Lesung *quia qui álterum in-cusát probri, símpse enitere oportet.*

128. *Quis, qui.* Der Accusativ *quem* vom Nom. *quis* dient zugleich für das männliche Relativum, da *quom* als Conjunction fixiert ward „in welchem Fall" wie oskisch *pún.* Die Conjunction war der Präposition „mit" gleichlautend z. B. *occisus est quom Cae-pione* auf dem Grab eines im Jahr 664 Gefallenen. Die jüngere Lautierung *cum* wurde seit dem siebenten Jahrhundert ohne Unter-schied für Präposition oder Conjunction gebraucht, obgleich nament-lich für die Conjunction das alte *quom* nie ganz abhanden kam [4]).

---

1) *Corp. inscr. lat.* 1. n° 196 Z. 13 u. 14. p. 43. und n° 197 Z. 21. p. 45.
2) Cic. *de rep.* 3, 8.
3) Plaut. *mil. glor.* 1069 *iube eámpse exire huc id nos.*
4) Die Lateiner der guten Zeit schrieben nur *quom* oder *cum* — *quum* ist ein orthographischer Barbarismus. Terentius Scaurus und Fronto im zweiten Jahrhundert unserer Zeitrechnung kennen noch *quom* für die Präpo-

Das weibliche Relativum *quam* streift den Charakter eines Casus ab als Partikel „in welcher Weise" wie oskisch *pam* oder *pan*; in der Composition regelmässig *quamque in urbem* neben dem obsoleten Fem. *quemque*[1]), aber immer *quemquam porcellam*[2]).

129. *Hic.* Um das Jahr 500 findet man auf der ersten Scipionengrabschrift *honc oino*, wofür bald *hunc unum* substituiert ward, Fem. *hance* und öfter *hanc*; Formen ohne Affix wie *hum* und *ham* finden sich auch nicht auf plebejischen Inschriften; aber in manchen Stellen der Dramatiker wie *Stich.* 611 *pér hánc tibi cenam incenato* fällt *hanc* nicht voller in's Gehör als *ha(m)*.

Accusativ des Pluralis.

130. Der Plural wird, wie die verwandten Sprachen lehren, aus dem Singular gebildet durch Vermehrung desselben mit *s*.

Accusativ Pluralis der *a*- *e*- *o*- *u*-Stämme.

131. Demgemäss entstand *formas* aus *formams*, indem zunächst *m* in *n* übergieng (kretisch ἀρειγειτάνς für attisches ἀρεσοβειτάς), *n* aber dem *s* sich assimilierte (oskisch *feihúss* mit Doppelung des *s*, welche das Latein nur im Inlaut und auch da nicht immer durchführt, *formonsus formossus formosus*). Ebenso wurde aus *filiom* Acc. plur. *filios*, wo ohne den Nasal *o* auch zu *u* gesunken wäre (*annus quatur* christliche Inschrift bei de Rossi 1. p. 204, 473 für *annos quator*), aus *rem res*, aus *simum sinus*. In der Inschrift bei Orelli 5326 *aqua] coloniae sufficiens et per plataeas lacuus inpertita* bezeichnet *uu* die Vocallänge wie sonst *casús ritús*.

Accusativ Pluralis der consonantischen und *i*-Stämme.

132. Bei den Grundformen auf *i* und den consonantischen war das Suffix des Acc. Sing. *em* und *im*, wovon *im* nur bei wenigen überhaupt, bei noch wenigeren vorzugsweise Geltung erlangte, weil sich dem *m* leichter *e* anschmiegt; jenem entspricht das Pluralsuffix *es* und *is*, wovon *is* in der classischen Zeit für die *i*-Stämme sehr oft, bisweilen auch für consonantische gewählt

---

sition; auch in seltenen Fällen weisen Inschriften diese Form auf, während für die Conjunction *quom* zahlreiche Beispiele existieren.

1) Plaut. *Pseud.* 185: *nunc dico hoc factust optumum ut nomine quemque appellem suo | ne dictum esse actutum sibi quaepiam rostrarum mihi neget.*

2) Plaut. *mil. glor.* 1060.

ward, weil dem *s*-Laut nach Ausweis des vulgären Vorschlags in *ispes* oder *Isticho*[1]) der Vocal *i* ganz bequem war.

133. *Die Endung es älter als is.* Im historischen Latein ist die ältere Endung bei der *i*-Declination wie bei der consonantischen *es*, welche erst auf jüngerer Sprachstufe, in ausgedehnterem Maasse etwa seit dem siebenten Jahrhundert, in *is* übergeleitet ward durch die Mittelform *eis*; es ist eine irrige Vorstellung, wenn man von *is* als ältester Bildung im Lateinischen wie πόλις im Griechischen oder von 'der späterhin allgemeinen Form auf *es*' redet, eine Vorstellung, welche den vorhandenen Denkmälern widerstreitet und über den mittelitalischen Sprachverband hinausgreift, wie die Vocalisierung des Acc. Plur. im Umbrischen *avef aveif avif* ergiebt (lat. *aves aveis avis*). Endungen wie *hostes pisces dentes imbres* hat das Latein von jeher gehabt und trotz der Decrete mancher Grammatiker nie aufgegeben, Endungen wie *iudices hospites praecones meliores* sind allzeit vorwiegend in Gebrauch gewesen.

134. Es bedarf vielmehr nur einer Untersuchung über den Umfang der Casusbildung auf *eis* und *is*. Im Arvallied steht *pleoris* zweimal neben *pleores*, auf der Duellius-Inschrift *clasesque navales* und *claseis Poenicas* und *copias Cartaciniensis*, letzteres mit *i longa* geschrieben, alles triftigere Zeugnisse für die Kaiserzeit und deren sprachgeschichtliche Meinungen als für das wirkliche Latein des fünften Jahrhunderts.

135. *Accusativ Pluralis auf eis.* Zuerst begegnet *eis* auf dem Meilenstein des Popillius vom Jahre 622 in *pontcis omncis*[2]), dann auf der Genueser Bronze vom Jahre 637 *fineis omneis Genuatcis* neben *Genuates*[3]), ferner *calleis* in der *lex agraria* vom Jahr 643[4]) *Decembreis* und *omneis* in der *lex Cornelia* vom Jahre 673[5]), *civeis* und *fineis* in der *lex de Termensibus* vom Jahre 683[6]), *Octobreis* und *Quinctileis* zu Pompeii und Furfo in den Jahren 676 u. 696[7]), zuletzt *Alpeis* in der *lex Rubria* vom Jahre 705[8]); die übrigen undatierten Beispiele *tristcis turreis bascis* (Hübners *index* p. 604) gehören ebenfalls dem siebenten Jahrhundert an und spätestens

1) *Inscr. regn. Neapolit.* 2169.
2) *Corp. inscr. lat.* 1. n° 551.
3) *Corp. inscr. lat.* 1. n° 199 Z. 3, 2 u. 33 (p. 72).
4) *Corp. inscr. lat.* 1. n° 200 Z. 26 (p. 81).
5) *Corp. inscr. lat.* n° 202, 1. Z. 7 u. 32 (p. 108).
6) *Corp. inscr. lat.* n° 204, 2. Z. 19 u. 33 (p. 114).
7) *Corp. inscr. lat.* n° 590 u. 603, Z. 2.
8) *Corp. inscr. lat.* n° 205, 2, Z. 26 (p. 117).

dem Anfang des achten; ein Curiosum ist der Archaismus *civeis* auf der africanischen Inschrift bei Renier 1521 aus der Verfallzeit. 136. Im Plautustext, dessen erste Redaction dem siebenten Jahrhundert verdankt wird, sind hier und da Formen derselben Art sicher überliefert; *aureis* im *Persa* 182, *omneis* ibid. 325, *liteis Stich.* 79, *plureis* ibid. 607; noch bei Sallust im Anfange des Catilina las man *omneis homines* (cap. 51, 1 dagegen nach Charisius p. 139, 22 *omnes homines*) und bei dessen Zeitgenossen ähnliches; wenn unter Nero der Tragiker Pomponius Secundus behauptet hat, man müsse *omneis* und nicht *omnes*[1]) sagen, so ist gewiss, dass diese reactionäre Theorie 100 Jahre zu spät kam und keine Nachfolge fand.

137. Die inschriftlichen und sonst zweifellosen Beispiele zeigen *eis* nur wo Grundformen auf *i* existierten, wie *fini* und *Genuati*; auch Varro nahm an, dass der Acc. Plur. auf *eis* ausgehen könne, wo der Gen. Plur. *i* vor der Silbe *um* habe, mit Ausnahme der Nomina *falces merces aves luntres ventres stirpes urbes corbes vectes neptes*[2]); desto auffälliger ist, dass Stilo die Bildung der Comparative auf *eis* wie *ferociorcis* gestattet haben soll und dass Plinius nicht bloss in seinem Caecilius *facilioreis sanctioreis* sondern selbst bei Cicero *maioreis* gefunden hat[3]), so anomal gebildet wie *pleoris plureis* im Arvalliéd und in Plautushandschriften.

138. *Accusativ auf is.* Der Meilenstein des Popillius giebt Acc. *aedis* neben *omneis*, andere Urkunden des siebenten Jahrhunderts *omnis litis finis Octobris Sextilis turris*, insgesammt die republicanischen Inschriften keine 30 Beispiele bei etwa 15 Wörtern (Hübners Index p. 604), die auf das Jahr 649 gestellte Inschrift über einen Mauerbau zu Puteoli kennt nur die Endung *omnes* und *fores*. Jene Beispiele sind auf Grundformen mit *i* beschränkt; nur auf eines Libertinen Grabschrift aus Cäsars Zeit steht *hominis misericordis amantis pauperis*[4]); wenn die *lex Iulia municipalis* gegen den Schluss einmal *municipis* und einmal *municipicis*[5]) schreibt, letzteres wohl durch Mischung von *is* und *eis*, so ist zu beachten, dass dieselbe Zeile 143 den Gen. Plur. *municipium* bildet und dass noch die Bronze von Malaga[6]) den Nom. Sing. *municipes*, Gen. Plur. *municipium* als Nebenform zu *municeps municipum* darbietet.

---

1) Charisius p. 137, 23.
2) Charisius p. 129. 19.
3) Charisius 129, 31. 130, 4. 137, 27.
4) *Corp. inscr. lat.* 1. n° 1027.
5) *Corp. inscr. lat.* 1. p. 122—125, Z. 160, 163. 145.
6) Orelli 7421. *Corp. inscr. lat.* 2. n° 1961.

Augustus Regierungsbericht gewährt meist *cs, fines gentes labentes,* siebenmal *is, finis omnis currulis pluris agentis inferentis* und bei einem sonst consonantisch flectierten Nomen *consulis* (Mommsens Ausg. p. 147). In den praenestinischen Fasten steht *omnis calendas*[1]), auf den Inschriften bei Orelli 6428 und 5375 um das Jahr 754 *civis* und *turris* mit *i longa,* desgleichen *annos tris* im *elogium* 20[2]); in Claudius Lyoner Rede *pluris* aber *fines.* Für die folgende Kaiserzeit, wo man das inschriftliche Material noch nicht übersicht, muss eine behutsame Prüfung auch den vulgären Lautwechsel von *e* und *i* in Rechnung bringen, da in amtlichem Document unter Domitian *ciiusdem condiciones* neben *eiusdem condicionis* auftritt.

139. *Die Grammatiker.* Die Zeugnisse der Grammatiker stimmen mit den handschriftlichen darin überein dass:

1. die Endung des Accusativ Pluralis *es* sowohl für *i*-Stämme' als für consonantische gilt;

2. dass *is* eine Nebenform ausschliesslich für die *i*-Stämme ist. Varro hörte *hos montis, fontis* neben *hos montes, fontes* und *gentis* neben *mentes* und *dentes*[3]); während Varro nur *urbes* gelten liess, gebrauchte Vergil auch *urbis,* und Probus leitete solche Schwankungen des Dichters von euphonischen Rücksichten her. Asper sagte, wenn im Gen. Plur. *i* bleibe, müsse dies auch im Acc. gewahrt werden. Plinius leugnete, was Varro und andere bejaht hatten, *ea nomina quae nominativo singulari et genetivo per is terminabuntur et genetivos plurales per ium loquentur, accusativos in eis posse dicere,* und nahm hier die Endung *is* an, nach der wahrscheinlich richtigen Deutung der Notizen des Charisius[4]). Dieser selbst verlangt den Acc. Plur. auf *is* bei den auf *is* endigenden Wörtern, die ohne Silbenvermehrung im Dat. Sing. *i* haben, wie *caelestis, hos caelestis,* und macht vom Acc. Plur. *is* abhängig, ob der Gen. Plur. auf *ium* ausgehen soll[5]). Priscian stellt für die im Nom. und Gen. Sing. gleichlautenden Nomina wie *omnis* als die gewöhnliche Form des Acc. Plur. *is* auf, *es* als die seltenere; dazu hätten die im Nom. Sing. auf *er, rs* und *rs* endigenden Nomina häufig *is* wie *celeris fontis partis,* selten die auf *x* wie *tenacis,* andere obwohl sie im Gen. Plur. *i* vor *um* aufnähmen wie *civitas civitatium* nie *is,* nur *has civitates*[6]).

---

1) *Corp. inscr. lat.* 1. p. 312, 2.
2) *Corp. inscr. lat.* 1. p. 283.
3) *Varro de lingua Latina* 8, 66—67.
4) Charisius p. 129, 27.
5) Charisius p. 43, 6.
6) Prisc. 7 § 84 ff.

140. *Handschriften und Inschriften.* Jedenfalls bestätigen die Aussagen der Grammatiker im Verein mit den Inschriften, dass ein Acc. Plur. wie *religionis*, den Lachmann zu Lucr. p. 50 durch einen fehlerhaften Abdruck der *lex Cornelia* getäuscht für zulässig erachtete, dem mustergiltigen Latein aller Perioden fremd war. Denn den handschriftlichen Formen kann in diesem Falle nur soweit sie den sonst gesicherten Ergebnissen nicht widersprechen, Beweiskraft beigelegt werden, und der Versuch O. Kellers (Rhein. Museum 21, 241—246) bestimmte Regeln für die Accusativendung *is* bei den augusteischen Dichtern aus den Collationen zum Theil mittelmässiger Handschriften zu ziehen, bleibt für jetzt, wahrscheinlich sogar für immer in all den Punkten problematisch, welche über die ausdrücklichen Zeugnisse alter Grammatiker hinausgehen. Wenn bei Plaut. *Bacch.* 580 u. 650 *tris*, 832 *tres* ohne Variante überliefert wird, so hindert nichts an die Authenticität der Formen zu glauben.

141. *Vis, vires, viris.* Lucrez Sallust Messala sagen *vis multas* statt des üblichen *vires*, das bei Plautus und Lucrez auch *viris* geschrieben wird.

142. *Beispiele und Resultat.* Folgende Beispiele aus Plautus mil. glor. können einen Ueberblick des Gebrauchs von *is* in Handschriften überhaupt geben: *legionis* 17 u. 224; *virtutis* 32, 655, 1027; *moris* 40, *latronis* 74; *meretricis* 93; *aedis* 121, 310 und sehr oft; *amantis* 139; *osculantis* 176; *omnis contubernalis* 184 (die älteste Handschrift A allein *omnes 'contubernales*); *omnis molis* 191; *omnis* 662 (blos B *omnes*), 658, 1232; *hostis* 219; *perduellis* 222; *foris* 328 u. 1296 (aber B 328 und alle Handschriften 312 *fores*); *auris* 358; *inprudentis* 432; *imbricis* 504; *oboedientis* 611; *tris hominis* 660; *artis* 669; *similis sermonis* 699; *crinis* 792; *lepidioris* 804; *partis* 811; *mercis* 1023; *praegnatis* oder, *praegnantis* 1077; *maris* 1113; *exeuntis* 1136; *piscatoris* 1183; *peioris* 1218; *ciris* 1289. — Gegen die meisten lässt sich nichts einwenden, die Comparative schrieb Stilo ja selbst wie die Participialformen mit *eis*, immer aber bleiben sicher irrige Formen wie *hominis* und *piscatoris* zurück.

Genauer lässt sich das allgemeine Ergebniss nicht fassen, als dass die *i*-Stämme und diejenigen consonantischen, welche aus *i*-Stämmen entstanden sind wie *lit* Nom. Sing. *lis*, oder auch in der übrigen Flexion die *i*-Formen anlehnen wie *amantium* und *amantia*, im Acc. Plur. die Endung *es* frühzeitig in *eis* und *is* umsetzten, sodass in der Blüthe der Litteratur bei einigen Wörtern z. B. *omnis finis turris pluris Decembris* die Bildung auf *is* der auf *es* sichtlich vorgezogen, nirgends aber ausschliesslich angewandt ward.

Bei rein consonantischen Stämmen wie *sermon* wird der, welcher den Acc. Plur. *sermonis* aus Handschriften aufnimmt, zuvor nachweisen müssen, dass er sich auf eine bessere Autorität als die der schlechtesten Latinität stützt.

143. *Quantität der Endung des Accusativ Pluralis.* Die regelmässige Länge der Endung hat ihren Grund in dem vor *s* ausgefallenen Nasal; wie aber der Acc. Sing. bei den Dramatikern das *m* ohne Ersatzdehnung verlieren und so *manum* vor folgendem Consonant zu zwei Kürzen werden konnte, ebenso haben sie bisweilen auch im Acc. Plur. die Endsilbe geschwächt, indem das auslautende *s* nicht gerechnet und der vorhergehende Vocal als kurz behandelt ward: *dŏmŏs patres patriam ut colatis* Nävius *cǫm.* 94; *move mánŭs properá* Plaut. *Pers.* 772; *mánŭs ferat Bacch.* 480; *fŏrĕs pultabo trinumm.* 868; *nisi mavoltis fŏrĕs et postes comminui securĭbus Bacch.* 1119; *bŏnăs ut acquomst facere Stich.* 99; auch bei Terenz noch im Septenar vor Vocalen: *ác forĭs aperi adelph.* 167, und *expedit bonăs esse vobis hautont.* 388; gegen welche Stellen niemand einwenden wird dass nach Schwund des *s* Synalöphe der zusammentreffenden Vocale stattfinden konnte wie im ennianischen *palm' et crinibus* für *palmis* (Cic. *orat.* § 153). Der im sechsten Jahrhundert zugelassenen Verkürzung von *manăs* ist analog der Uebergang aus *quamsei* oder *quansei* (*lex agraria Z.* 27) in *quăsei.* Was durch strengeres Gesetz in Vers und Sprache dann verworfen ward, lebte im Volksmund fort: ein plebejischer Hexameter lautet: ·*Donata pia iuste vale, serva tuŏs omnes* (Renier *inscr. de l'Algérie* 283).

Accusativ der Pronomina.

144. *Nicht persönliche Pronomina.* Die geschlechtigen Pronomina weichen in nichts von den *a-* und *o-*Stämmen ab, *hos* und *has, quos* und *quas, eos* und *cas, illos* und *illas* oder *ollas* (Plaut. *mil. glor.* 669). Im ennianischen Vers *annales* 103: *nam sibi quisque domi Romanus habet sas* erklärte Verrius, der *sos* und *eos* bei demselben Dichter wiederholt gelesen, richtig *eas*, unrichtig, wie der Plural beweist, Festus *suas*, indem er sich volksthümlicher Schreibungen wie *sa pecunia* (Inschr. in den Jahrbüchern des archäol. Instituts 1856 p. 23, 132) und *iungar tis umbra figuris* (Ritschl Bonner Progr. Sommer 1852 p. 16. Opusc. IV S. 109) oder des von Alters her so tradierten *lumina sis oculis bonus Ancus reliquit*[1]) erinnerte.

145. *Personalpronomina.* Den männlichen Formen der übrigen Pronomina sehen *nos*, im Arvallied *enos*, und *vos*, die zugleich

---

1) Ennius *ann.* 150.

als Nominative fungieren, sehr ähnlich, während beim Reflexivum auch für den Plural *se* dient, wie die attischen Dichter σφέ für jedweden Numerus gebrauchen.

Genetiv des Singularis.

Genetiv Singularis der consonantischen und *i*-Stämme.

146. *Genetiv Singularis auf us.* Bei den consonantischen Stämmen ward das ursprüngliche Suffix *as* im Gräco-italischen zu *os*, im Lateinischen zu *us*, das in 13 Beispielen erhalten ist, besonders bei Eigennamen auf römischen und campanischen Inschriften vereinzelt bis zur Mitte des siebenten Jahrhunderts, rustican noch auf den *glandes Perusinae* des Jahres 713: *Castorus Venerus Cererus Honorus Caesarus patrus nominus hominus praecvaricationus* (Hübners Index p. 603). Eine Inschrift aus dem Jahr 751 auf einer pompeianischen Mauer weist *aerus*[1] für *aeris* auf. Genetive wie *Castorus patrus* sind dem Griechischen Κάστορος πατρός nahe verwandt.

147. *Genetiv Singularis auf es, is.* Der Uebergang in *es*, *is* erfolgte wahrscheinlich durch Einwirkung der *i*-Stämme, wie auch im oskischen und umbrischen Gen. Sing. die consonantische und *i*-Declination zusammenfällt. *Salutes pocolom* findet sich schon vor dem Hannibalischen Kriege, desgleichen scheint *corp. inscr. lat.* 1. 187 *vicesma parti Apolones dederi* gleich *Apollonis*, endlich ebenda 811 *Cereres*[2]. Die gemeinigliche Endung ist *is* in *vocis pedis boris auctoris* u. s. w. für griechisch ϝοπός ποδός. Bei unseren Texten darf man natürlich aus den Handschriften nicht auf älteres *es* für *is* schliessen: *virgines* bei Ennius[3] für *virginis* oder *virgine*, bei Plaut. *trin.* 1153 bezeugt Nonius ausdrücklich den Gen. *nón ego sum dignus salutis* statt des Abl. *salute dignus* unserer Handschriften, die an Alter mit den Quellen des Nonius sich gar nicht messen können.

148. *Wegfall des s.* Das auslautende *s* fällt im alten und vulgären Latein: *Caesaru*, *corp. inscr. lat.* 1 n° 696, *ante aedem Scrapi* in der Baunrkunde n° 577 vom J. 619 und *Serapi medicina utor* bei Varro in einer Satire 152 (Büch.) (Gen. *Sarapis* war üblicher als *Sarapidis*), wie *Isi* auf einer Inschrift in den *annali dell' instituto archeologico* 1855 p. 85, *Palaestrioni somnium* ohne *s* geschrieben Plaut. *mil.*

---

1) *Corp. inscr. lat.* 4. n° 2440.
2) Buchstäblich | ERERES CA.
3) Ennius *annal.* 103.

glor. 386, wie ohne *s* gesprochen im Senaranfang *militis qui amicam* Plaut. *Bacch.* 574, im Ausgang des Septenars *Sosia Amphitruónis sum* Plaut. *Amph.* 411, der Hexameter *Hyperionis cursum* oder *liminis parte* bei Ennius und Lucrez[1]). Gen. *admirabili pueri* auf einer africanischen Inschrift[2]).

149. *Genetiv-Singularis der i-Stämme.* Die *i*-Stämme sind von den consonantischen im geschichtlichen Latein nicht zu scheiden: Gen. *piscis vitis cerialis* könnte von Grundformen *pisc vit cerial* nicht anders gebildet sein, *partus* für *partis* in der *tabula Bantina*[3]) ist vom Stamm *part* abgeleitet. Möglich ist dass Gen. *avis* aus *avius avios* entstand wie *alis* aus *alios*, in welchem Falle für die älteste Sprache Länge der Endung, *avis* oder *aveis* vorauszusetzen wäre. Vielleicht bewahrt eine Spur davon der Senar aus sullanischer Zeit *amor parenteis quem dedit natae suae*[4]), ein Genetiv der genau mit den oskischen *Herentateis* und *Lúvkanateis* von *i*-Stämmen stimmt. Beispiele für Abwerfung des *s* sind schon vorhin aufgeführt, da eine abweichende Behandlung der *i*-Stämme in diesem Punct nicht zu erweisen ist. Bei Lucrez ist 1, 591 *inmutabili' materiae* und 5, 1434 *mundi versatili'* emendiert, Plautus hat *corporist*[5]) (*mil. glor.* 997) für *corporis est*, ob aber *civist?*

Genetiv Singularis der u-Stämme.

150. *Die Endungen uos, uus.* Die *u*-Stämme wahrten das Genetiv-Suffix in älterer Gestalt, da sich *o* nach *u* regelmässig hält: *senatuos* constant im *Sen. cons. de Bacch.*; *magistratuos inscr. regn. Neapol.* 3901. Wenn auf ziemlich späten Inschriften *domuus*[6]) *exercituus conventuus*[7]) geschrieben wird, so kann im einzelnen Falle der doppelte Vocal zur blossen Bezeichnung der Länge verwandt sein.

Aus den Handschriften der *naturalis historia* des Plinius ersehen wir, dass dieser Schriftsteller, der einen so grossen Einfluss auf die grammatische Litteratur ausübte, grundsätzlich *uu* im Gen.

---

1) Ennius *Annal.* 517; Lucr. 5, 485.

2) Renier, *Inscr. de l'Algérie* 3120.

3) *Corp. inscr. lat.* 1. n° 197, Z. 12 (p. 45).

4) *Corp. inscr. lat.* 1. n° 1009.

5) Plaut. *mil. glor.* 997: *dómina si clam domo húc transibit, quae húiu cupiens córporist.*

6) Boissieu, *inscr. de Lyon* p. 28.

7) Ritschl, *Monumenta epigraphica tria* p. 29 u. VII (Opusc. IV S. 152. 169).

Singularis so wie im Nominativ und Accusativ Pluralis schrieb[1]); möglicher Weise haben unsere inschriftlichen Beispiele ihren Ursprung in dieser Theorie des Plinius. Wie verbreitet die Schreibung *uu* bei der *u*-Declination war, können wir daran erkennen, dass sie von langen Endungen wie der Genetiv *conventuus*[2]) auf kurze Endungen wie der Nom. Sing. *socruus*[3]) übergieng.

151. *Die Endungen ū(s), os, uis.* Den classischen Genetiv *ūs, sumptūs fructūs* finden wir seit Beginn der Litteratur; *senatus* verhältnissmässig spät, auf republicanischen Inschriften nur zweimal[4]), und nicht vor Sulla, dann in Augustus Regierungsbericht beständig und in der Kaiserzeit. Eine andere Art der Zusammendrängung war die in *os*, wie von *quattuor* in *quattor*; Augustus schrieb *domos genetivo casu singulari pro domus nec unquam aliter*[5]) nach Sueton, womit Marius Victorinus übereinstimmt[6]); im Neuumbrischen tritt *o* an die Stelle von ursprünglichem *u* im Gen. *trifor* Stamm *trifu* altumbrisch *trifus* wie römisch *tribus*. Ohne weiteres Beispiel, wenigstens bei geschlechtigen Nomina, steht die aus *senatus* erwachsene Form *de senatu sententia* im *titulus Aletrinas* aus dem Jahr 620[7]). Neben dem contrahierten *manus* war seit dem Ende des sechsten Jahrhunderts bis in den Anfang des achten allgemeiner verbreitet *manuis*, wo *i* dem ehemaligen *o* entspricht; *anuis* Terenz, *metuis* Cicero, *senatuis domuis rituis victuis* citiert Nonius cap. 8. *de mutata declinatione*; Gellius 4, 16 meldet als ausgemacht, *M. Varronem et P. Nigidium non aliter elocutos esse et scripsisse.*

152. *Neutra mit u-Stamm.* Auch die Neutra hatten verschiedene Formen des Genetiv Singularis. Einige sprechen, sagt noch Martianus Capella (p. 77, 20. Eyssenhardt), *genuis* und *cornuis*, aber man muss *genus* und *cornus* im Genetiv sprechen wie *exercitus*. In der That war dies die übliche Form bei Cicero, Lucan, Plinius; daneben erhielten sich aber *genu* und *cornu* mit abgeworfenem *s* wie im obigen *senatu*, da die nachhadrianischen Grammatiker die Indeclinabilität des Neutrum im Singularis lehrten. (Freund im Wörterbuch, gramm. Scholien n° 3.)

---

1) Detlefsen, *Symb. philol. Bonn.* S. 712 sqq.
2) *Corp. inscr. lat.* 2. n° 2416.
3) *Corp. inscr. lat.* 2. n° 3322.
4) *Corp. inscr. lat.* 1. n° 635: *senatus consulto populique iussu.* n° 1149: *de senatus sente(nt)ia aedem faciendam coerarerunt.*
5) Sueton, *Oct.* 87.
6) Marius Victorinus p. 9, 4 (Keil).
7) *Corp. inscr. lat.* 1. n° 1166.

153. *Uebergang der u-Stämme in die o-Declination.* Endlich schlagen die *u*-Stämme seit der ältesten Zeit in die *o*-Declination um: Plautus giebt *quaesti* (*mostell.* 1107 und *Pers.* 66) neben *quaestus; sumpti* (z. B. *trinumm.* 250) neben *sumptus*, Terenz regelmässig *quaesti* (*hec.* 836) *adventi fructi*, selten *quaestuis* (*hec.* 735), nic *quaestus* (Fleckeisen krit. Misc. p. 43); auf Inschriften des siebenten Jahrhunderts steht gewöhnlich *senati*, wie auch bei Sisenna Sallust Cicero und Zeitgenossen (rhein. Mus. 8, 494), ferner *tumulti, piscati aesti porti geli laci* von Ennius bis Lucretius so häufig, dass für diese Periode die Bildung auf *uis* und *us* ohne Zweifel zurücktritt.

Genetiv Singularis der a-Stämme.

154. *Die Endung as.* Während bei den *u*-Stämmen die Endung *ūs* nicht für ursprünglich, durch Ansatz eines *s* an den gedehnten Stammvocal entstanden, gelten kann, darf umgekehrt bei den *a*-Stämmen die Endung *as* nicht 'erst als contrahiert aus *a-is* betrachtet werden; die gleichartigen Genetive, im Oskischen *eituas* (lat. *pecuniae*), im Umbrischen *tutas* (lat. *civitatis*), im Griechischen *σοφίας* beweisen das Vorhandensein dieser Bildung bei weiblichen Grundformen auf *a* vor allem Latein.

155. Wir haben auch im Latein bezeugte Genetive des Singularis auf *as*. Bei Nävius, Livius Andronicus, Ennius finden wir *Latonas escas fortunas vias; Alcumenas* bei Plautus [1]). Es ist gar nicht unwahrscheinlich, dass Plautus *Bacch.* 307 *Diánae Ephesiae* oder *Persa* 409 *pecuniaé accipiter* den fehlerhaften Hiatus nicht sollte vermieden haben durch die Schreibung *Dianas* und *pecunias*, wenn gleich die Handschriften, welche nicht einmal den fast trivialen noch in ciceronianischer Zeit hundertmal gebrauchten Genetiv *ai* in Plaut. *mil. glor.* 103[2]) gewahrt haben, dafür keine Bestätigung bieten. *dum minoris partus familias taxsat*[3]) schreibt das Bautische Gesetz, *pater* oder *mater familias* behauptete sich immer im Gebrauch von Terenz [4]) bis auf Quintilian und spätere, wenn auch im Plur. *matres familias*[5]) Stilistikern, wie es scheint auch dem Sisenna misfiel. Auf jüngeren Inschriften finden wir *Quartas filius*[6]) oder *nymphas* und *medicas* — welche Formen aber wohl

---

1) Plaut. *Amphitr. arg.* 1: *amóre captus Alcumenas Iúppiter.*
2) Die Stelle heisst: *magnái rei públicai grátia.*
3) *Corp. inscr. lat.* 1. n° 197 Z. 12 (p. 45).
4) Terent. *adelph.* 747 cf. Haaso zu Reisigs Vorlesungen p. 66 Anm. 41.
5) Plaut. *Stichus* 98: *quibus tú nos coluisti ésse matres fámilias.*
6) *Inscr. regn. Neap.* 4805.

weniger unter den Gesichtspunct des Archaismus als unter den
des Gräcismus fallen.

156. *Custodias.* Die Bildung des Genetivs auf *as* hat die
Sprache im sechsten Jahrhundert gänzlich aufgegeben, und Asper
war unbedingt im Irrtum, wenn er dem Sallust *castella custodias
thensaurorum in deditionem acciperentur* [1]) zuschrieb, *custodias* als
Genetiv auslegend [2]), sei es dass *acciperentur* aus *acciperent* oder
custodias aus *custodiae* verderbt war, wie bei Verg. *Aen.* 11, 801
auras aus *aurae* [3]) vor Servius.

157. *Adverbiale Genetive.* Hierher gehören die sehr alten
Adverbialbildungen *alias alteras* bei Festus, *utrasque* bei Nonius
p. 183; welches Cassius Hemina von der Zeit brauchte (*in Hispania
pugnatum bis: utrasque nostri loco moti* „beide Male"), Cäcilius
vom Ort (*atque hercle utrásque te, cum ad nos venis, suffarcinatum
vidi* „auf beiden Seiten").

Heute wird man vorsichtiger urtheilen als Lachmann zu Lucrez p. 104, der an sechs Stellen seines Dichters das echte *inter-
utrasque* verdrängt hat, wobei der Genetiv so wenig von dem ersten
Compositionsglied abhängt als der Ablativ und Locativ in *interea*
und *interibi.*

158. *Intervias.* In dem Ausdruck *intervias* dürfte sicher
nicht ein Accusativ Plur., sondern ein adverbialischer Genetiv
analog dem deutschen „unterwegs" zu erkennen sein; ähnlich *inter
pugnas* [4]). Bei den Plautus-Stellen: *Poen.* 5, 3, 43. *quid si eámus
illis obviam? (at ne inter vias | praetérbitamus metuo) — Aulul.* 377.
deinde égomet mecum cogitare inter vias | occépi. — Bei Turpilius
196. *inter vias epistula excidit mihi | infelix inter tiniculam [mi] ac
strophium conlocaveram —* wäre der Accusativ unnatürlich; in der Stelle
Terent. *eunuch.* 629 *dum ris eo, coepi egomet mecum inter vias
aliám rem ex alia cogitare* völlig sprachwidrig.

Die adverbiale Form *interdius,* dem deutschen „untertags"
gleichbedeutend, scheint auch ursprünglich den Genetiv eines *u*-Stam-
mes zu enthalten, der noch im Nominativ *nudius tertius (nunc dies)*
gewahrt ist. — Aus *interdius* ging die gewöhnliche Form *interdiu*
hervor. Man muss überhaupt zugeben, dass das alte Latein aus
Genetiven Adverbia gebildet hat: so erklärt sich die Form *nox* in

---

1) Sall. *hist.* III. *fragm.* 42 Kritz.
2) Charisius p. 107, 12.
8) Verg. *Aen.* 11, 801. *nihil ipsa nec aurae nec sonitus memor aut re-
nientia ab aethere teli.*
4) Enn. *ann.* 256. *hunc inter pugnas Servilius sic compellat.*

den XII tabb. ohne Schwierigkeit durch Verstümmelung des Genetiv *noctis*, welcher ganz wie das griechische *νυκτός* und das
deutsche Nachts gebraucht wird. Ebenso kommt das Adverb *fors*
„zufällig“, seltene Nebenform von *forte*, vom Genetiv *fort(i)s*, wie
das Substantiv *fors* vom Nominativ *for-ti-s*; vergl. das oskische
svacpis fortis = si quis forte tab. Bant. Z. 12.

159. *Genetiv Sing. auf ais.* Die seit dem sechsten Jahrhundert gebräuchlichen Genetivendungen beruhen auf einem andern
Bildungsprincip, auf der Vermehrung des Stammes durch *i*, welche
in der pronominalen Declination mehrfach sich wiederholt. Im
oskischen Genetiv *Marai* (Nominativ *Maras*) und im griechischen
Πριαμίδαο (Nom. *Πριαμίδης*) sind die männlichen *a*-Formen durch
ihr Suffix gesondert von den weiblichen wie *millas* und *Ἥρας*; im
Latein erstreckt sich die neue Bildungsweise auf Feminina und
Masculina, *agricolae* ist gebildet wie *irae*. Das älteste Beispiel
derselben ist *Prosepnais* auf einem Spiegel[1]) für *Proserpinae* neben den Götternamen *Venos* und *Diovem*.

160. *Genetiv Singularis auf ai.* Durch Abstossung des *s* entstand Gen. *trai* mit drei langen Silben, ein sprechender Beweis für die
Verschiedenheit dieser vermuthlich aus *ajas* hervorgegangenen Endung von der consonantischen oder halbvocalischen Flexion. Auf
alten Schalen lesen wir *pocolom Lavernai, Belolai Aecetiai*, im *Sen.
cons. de Bacan. Duelonai*[2]), bei Ennius *Albai longái* und *silvái
frondosái*[3]) am Ende eines Hexameters, bei Plautus in einer Art von
Parodie auf den Curialstil *magnái rei publicai gratia*[4]).

161. *Contraction des ai in ai, ae.* Die Verschleifung der
beiden Längen wird durch die Bühnendichtung wesentlich ge-
fördert worden sein; an wenigen Stellen bei Plautus hat die Re-
stitution von *ai* den Schein der Wahrheit wie *mil. glor.* 84 *comoediai*,
während an anderen dem Vers auf mehrerlei Art aufgeholfen werden kann wie *merc.* 834 durch *fámiliai Lar pater* oder *fámiliae
Larispater*. Terenz, dem Bentley einigemal diese Endung unter-
schob, hat kein Beispiel mehr davon (Ritschl. *proll. trinumm.*
p. 325); in den Urkunden der Gracchenzeit ist sie schon durch-
gehends geschwunden, obgleich das Repetundengesetz noch *quae-
rúndai* und *faciundai* bietet; in der dactylischen Kunstdichtung
lebten die im Volksmund untergehenden Formen fort, Lucrez liebt

---

1) *Corp. inscr. lat.* 1. n° 57. p. 554 u. 25.
2) *Corp. inscr. lat.* 1. n° 47, 44, 43 und n° 196 Z. 2 (p. 43).
3) Enn. *annales* 34 u. 197.
4) Plaut. *mil. glor.* 103.

sie augenscheinlich[1]), *materiai, purpureai, gelidai;* im Anfang des Verses hat er *Iphianássai* und in der Mitte *patriai tempore iniquo*[2]) und öfter am Schluss *ferai* oder *viai*[3]); noch Vergil macht sich die Technik der alten Schule zu Nutz in *aurai, aulai, pictai, aquai.* — Das zweisilbige a͞i ward zusammengedrängt zum einsilbigen Doppellauter, dieser zu *ae* getrübt. Im Hexameter *Corp. inscr. lat.* 1. n° 1202 *non aevo ˙exsacto vitái es traditus morti* ist der Genetiv noch dreisilbig, zweisilbig in den Senaren 1007 *heic est sepulcrum hau pulcrum púlcrai feminae* und Orelli 5756 a aus der Kaiserzeit *Priapus ego sum, mórtis et vitai locus.* So bereits constant in der dramatischen Metrik des sechsten Jahrhunderts; dass Varro in den Jamben *Parmeno* 1. *viscum fugái lineamque compedam* geschrieben habe, scheint bedenklicher als *fugarum* (die Handschriften des Nonius p. 28,12; 451,23 geben *fuge* oder *fugam*). Alle Versuche im siebenten Jahrhundert anderswo als in dactylischen Versmaassen ein zweisilbiges a͞i des Genetivs zu finden, dürften als vergeblich anzusehen sein.

162. *Ai graphisches Zeichen.* Als längst *ae* gesprochen ward, bediente man sich graphisch noch des Zeichens *ai,* Nigidius um *huius terrai* von *huic terrae* zu scheiden[4]), während andere umgekehrt den Dativ vor dem Genetiv so auszeichneten[5]), *ad Murciai* in einem *elogium* aus der augusteischen Periode[6]). Claudius und andere schrieben im Genetiv *Agrippinai, publicai* wie überall für *ae* um die Schrift der griechischen anzunähern.

163. *Masculinstämme.* Die Minderzahl männlicher Nomina auf *a* hat die gleichen Wandlungen durchgemacht; so sagt Nävius *Aeneái,* Lucrez *Geryonái*[7]); gewöhnlich aber finden wir *Atridae, agricolae.*

164. *Plebejische Endung aes.* Wie aus zweisilbigem *ai* sich *ae* entwickelte, so *aes* aus dem alten *ais;* es muss aber betont werden, dass diese Bildung ziemlich jung ist (*Pesceniaes Laudicaes ossa heic sita sunt*[8]), eins der ältesten Beispiele, muss dem siebenten Jahrhundert zugeschrieben werden), ferner lediglich rustican, meist auf Libertineninschriften der ersten Kaiser, besonders häufig in Gori's

---

1) Lucret. 1, 249. 2, 52. 3, 687.
2) Lucr. 1, 85. 41.
8) Lucr. 1, 401. 406. *última náturdi* 1108.
4) Gellius 13, 26.
5) Quintilian 1, 7, 18.
6) *Corp. inscr. lat.* 1. p. 285, *elogium* 23.
7) Lucr. 5, 28. *quidve tripectora tergemini sis Geryondi.*
8) *Corp. inscr. lat.* 1. n° 1212.

etruskischen Inschriften bei Eigennamen *Aurunceiaes, Magnaes, Fau-*
staes, Terentiaes, Caniniaes, Marinaes, Agrippinaes, Antoniaes, Stati-
liaes, Auctaes, Festiraes, Lepidaes, auch bei männlichen wie *Messalaes*
liberta und zweimal *Midaes* (im Jahr 740), vereinzelt auch *ex officio*
annonaes[1]) und *vernaes*[2]), nirgends ausserhalb plebejischer Kreise.

165. Obgleich daher diese Flexion regelrecht sich an das
archaistische *ais* anschliesst, muss doch ihr Wiederaufleben nach
der unterbrochenen sprachgeschichtlichen Continuität ohne andere
Ausdehnung als die eines Idiotismus, einem fremden Elemente,
dem Griechischen zugeschrieben werden, zumal da oft auf denselben Denkmälern Formen wie *Actes* oder *Cerviaes Psyches*[3])
nebenhergehen. Bei *Dianes, Popilies, Prisces* ist erst recht
nicht zu entscheiden, ob es römisch gebildete Genetive sind mit
vulgärem Lautwechsel anstatt *Dianaes*[4]) wie *nostre* für *nostrae,*
oder griechische. Es giebt ein Beispiel eines Genetiv auf *a: Coira*
pocolo[5]). Die Bedeutung des Nomen proprium ist unsicher; vielleicht *Cura.* Die Analogie aller Schaleninschriften, *Saeturni, Ac-*
cetiai, Salutes pocolom etc. beweist jedoch, dass *Coira* ein Genetiv
ist. (Garucci hat daher *Coerae* geschrieben.)

Genetiv Singularis der e-Stämme.

Ueber den Genetiv der e-Stämme spricht von den Alten ausführlich Gellius 9, 14.

166. *Genetiv Singularis auf es.* Die älteste Bildung ist nach
Analogie der a-Formen *dies*[6]) erhalten von Ennius bis auf Cicero
und Vergil, *fides* bei Plautus[7]), *rabies* bei Lucretius[8]), *Corneliae*
Spés bei Gruter[9]).

In Cicero's *Sestiana* § 28 hatte Casellius *illius dies poenas* für
das echte erklärt und Gellius fand dies, als er sich einige alte
Handschriften gesammelt, die damals cursierenden werden wie

---

1) Fabretti, *inscr. antiqq. explicatio* p. 312 n° 366.

2) ibid. p. 296 n° 258. D. *Furi Erotis vernaes.*

3) *Inscr. regn. Neapolit.* 5453.

4) In d. Fasten d. Furius Dionysius Philocalus, am 21. März und 13.
August findet man *Minerves* und *Dianes; Corp. inscr. lat.* 1. p. 338. 348.

5) *Ephemeris epigraphica* 1. p. 8 n° 6, in *Corp. inscr. lat.* 1. n° 45 steht
irrig *Coerae pocolo.*

6) Enn. ann. 401. *postremae longinqua dies confecerit aetas;* Cicero pro
Sest. 12, § 28 und Verg. Georg. 1, 208: *libra dies somnique.*

7) Plaut. *Pers.* 244: *neque tippulai levius pondust quám fides lenóniae.*

8) Lucr. 4, 1075: *quodcumque est, rabies unde illaec germina surgunt.*

9) Gruter, *inscr. antiquae.* 776, 13.

unsere heutigen schon *diei* gehabt haben; in der Rede *pro Sex.
Roscio* § 131 las Charisius *pernicies causa*, Gellius und Nonius[']
pernicii [1]), wir nach unsern Handschriften *pernicie*, alle drei an sich
gleich gut.

In einer Stelle des Claudius Quadrigarius hatten alle Bücher
des Gellius *inmanitatem facies*, ein tiburtinisches Exemplar im Text
facies, aber am Raud *facii*, schlechtere Bücher *faciei*, aber mit
Rasur; wäre der Historiker auf uns gekommen, so wäre hundert
gegen eins zu wetten, dass auch der älteste Palimpsest *faciei* dar-
böte. Dies ein Beitrag, um die secundäre Bedeutung der *codices*
für die Feststellung grammatischer Formen zu characterisieren.

Das Alterthum erklärte *Diespiter* als „Vater des Tages".

167. *Genetiv Singularis auf ei.* Neben den Genetiven auf *es*
erscheint eine mit *i* vermehrte Bildung. Die Form *diei* findet sich
in der *lex repetundarum* [2]) wie *terrái, fidei* mit langem *e* bei Ennius
und Lucretius [3]); *famēi veteres, unde adhuc famē producitur in ablativo*, schreibt Priscian [4]); doch ist hier *famēi* nicht ausgeschlossen,
natürlich auch mit langem *i*, daher: *rei gerundae caussa* und *huiusque
dieI* in den Consular- und Pincianischen Fasti [5]). Das *e* wird vor
dem *i* gekürzt, und bei Plautus ist *rei* bald Spondeus, bald Jambus,
z. B. *quid tibi mecúmst rēi* im Versschluss [6]), und die Kürzung wird
Gesetz in *fidēi, plebēi*, ausser wo dem *e* schon ein kurzes *i* voran-
geht, wie *aciēi.* Durch Contraction des *e* und *i*, analog dem Genetiv *púlcrai*, entsteht ein einsilbiges *rei* und *spei*, bei den Komikern
weitaus üblicher als selbst die iambische Messung. *tribunus plebej*,
der amtliche Titel wie in Gesetzen, so in Claudius Rede ward
schwerlich anders denn fünfsilbig gesprochen; in den vielen Fällen,
wo die Endung der Elision unterliegt, wie *nil fidei hábeo*, war sie
offenbar einsilbig, wenn überhaupt die diphthongische Schreibung
hier echt ist.

168. *Genetiv Singularis auf e.* Für eine dritte Genetivform
der *e*-Stämme, nemlich die auf blosses *ē*, fehlt in der *a*-Declina-
tion das entsprechende Beispiel [7]); *fide* kann sowohl aus *fides* entstanden sein, wie Gen. *senatu* aus *senatus*, als auch aus *fidēi*, indem

1) Charisius p. 69, 10 (Keil). Nonius p. 486.
2) *Corp. inscr. lat.* 1. n° 198. Z. 65. (p. 62.)
3) Enn. ann. 342: *ille vir haud magna cum re, sed plenus fidei.* —
Lucr. 5, 102: *via qua munita fidei.*
4) Priscian 6 § 59. Sergius, *grammatici latini* ed. Keil 4 p. 496, 7.
5) *Corp. inscr. lat.* 1. p. 430 u. 298.
6) Plaut. *Menaechm.* 323 u. 494.
7) cf. § 165 *in fin.*

i nach dem langen *c* sich verlor, wie wir dies im Dativ der *a*-Stämme wieder sehen werden[1]); das vorhandene Material verstattet kein sicheres Urtheil über das gegenseitige Verhältniss dieser Formen, wenn auch die Abstumpfung, welche nur den Stamm übrig lässt, auf relativ jungen Ursprung hinweist. *rei* allein haben die inschriftlichen Gesetze vielmals, re *militaris peritissimus* erst nach der Republik[2]), *lex plebeve sc*(*itum*) die *lex agraria*[3]) einmal neben zweimaligem *lege plebive*, öfterem *plebeive scito;* in der Grabschrift *dis manib. Casperiae Fide*[4]) kann auch der Dativ gemeint sein.

169. Nach den Handschriften und dem Zeugniss eines Grammatikers setzte schon Plautus *die* (*Pseud*. 1158); dass aber diese Formation damals keineswegs herrschte, darf mit daraus gefolgert werden, dass eine Verkürzung dieses Genetivs *fidĕ*, wie bei den *o*-Stämmen, wo die mouophthongische Endung längst durchgedrungen war, Gen. *bonĭ*, so wenig vorkommt, wie ein Gen. *manŭs* neben dem wirklich so geschwächten Acc. Plur. Bei Lucilius, Sallust, Vergil, Ovid. u. a. findet man *facie die fide* und ähnliche Genetive: Charisius sagt: *quidam famis quidam fame dixerunt genetivo*[5]); Servius führt als alte Genetivendung an *e*[6]) „*secundum antiquos regularis genetivus*, da Cäsar „*de analogia*" *huius die* und *huius specie*[7]) als Norm aufgestellt hat. — Gewiss war in der Latinität, deren lautliche Formen wir meist copiren, um Christi Geburt herum diese Form sehr gebräuchlich, man trifft sie noch in den *Medicei* des Tacitus, im *Cassinensis* des Frontin, im *Nasarianus* des Florus (z. B. *die* p. 30, 6 und *re* p. 50, 1 Jahn), freilich auch wo der Vers sie nicht duldet, wie am Ende eines ennianischen Hexameters: *magnám cum lassus diei | partem fuisset.*

170. *Genetiv Singularis auf i.* Die zweisilbige Endung *ēī* ward also in einsilbiges *ei* zusammengedrängt. Die lautliche Consequenz hievon war der Ausgang des Genetivs auf *i*, wodurch die *e*-Stämme den Grundformen auf *o* und *u* ähnlich wurden. Bei voraufgehendem Consonanten hatte schon Cato *fami*[8]), die *tabula Bantina lege plebive scito* neben *plebeive scito;* eine im Curialstil

1) cf. § 263.
2) *Corp. inscr. lat.* 1. p. 288 *elog.* 29.
3) *Corp. inscr. lat.* 1. n° 200.
4) *Fabretti* 326, 461.
5) Charisius p. 40, 11 (Keil).
6) Servius zu Verg. *Georg.* 1, 208.
7) Gell. 9, 14.
8) cf. § 163.

verfasste Inschrift hat *fidi fiduciae causa*[1]); auffälliger ist, dass nach Gellius schon Pacuvius und Gaius Gracchus *progenii* und *luxurii* geschrieben haben sollen, da gerade nach *i* aus Wohllautsgründen *ei* nicht so leicht zu *i* sank (die Scipionengrabschrift auf den Prätor vom Jahr 615[2]) bietet *progeniem genui, facta patris petiei* nicht *petii*); die übrigen von Gellius angeführten Beispiele zeigen alle vorhergehendes *i* wie *acii* und *specii* und reichen bis· auf Vergil, dem er *dii* (als Gen. von *dies*) beilegt[3]).

Unter den Kaisern blieb überhaupt nur bei wenigen Nomina dieser Art (auf *ies*) ein Genetiv in Gebrauch; Quintilian fragt: Wie soll *progenies* im Singular, *spes* im Plural den Genetiv bilden? es giebt keinen, oder nur einen unerträglichen[4]).

161. *Der vulgäre Genetiv Spenis.* Der vulgäre Genetiv *Spenis* (wie Acc. *Ispenem*) sei hier erwähnt, um auf den eigenthümlichen Hang der römischen Volkssprache hinzudeuten, vocalische Grundformen durch den Nasal in consonantische umzubilden, wie *Tycenis Heuresinis Philemationis*[5]), womit wohl auch die plebejische Flexion *Eronis* für *Erotis* in Zusammenhang steht; solche Stammerweiterungen mit *n* kommen schon vor dem achten Jahrhundert vor, während dio· durch *t* in *Afroditetis* oder *Ispetis*[6]), Producte eines halbgelehrten griechisch angesteckten Jargons, erheblich später fallen.

Plautus sagte *Soterinis*[7]) und wir müssen noch jetzt Acc. *Archilinem*[8]) lesen vom Nom. *Archilis* (so, nicht *Archilinen* steht im Palimpsest).

Genetiv Singularis der o-Stämme.

172. *Genetiv Singularis auf i.* Bei den *o*-Stämmen ist im Genetiv, so weit die Geschichte des Latein reicht, also schon im fünften Jahrhundert, das Casussuffix mit dem Stammesauslant verschmolzen, *populi*, dem umbrisch *puples* und *puple,* jünger *popler*, und *sui*, dem oskisch *súveís* entspricht. Dies lässt zurückschliessen auf eine italische Form *popolois* wie *Prosepnais*,

---

1) *Corp. inscr. lat.* 2. n° 5042.
2) *Corp. inscr. lat.* 1. n° 38.
3) Verg. *Aen.* 1, 640: *munera laetitiamque dii.*
4) Quintil. 1, 6, 26.
5) Jahn: *Specimen epigraphicum* p. 96. Berichte der sächsischen Gesellschaft 1861 p. 356. — Otto Sievers in: *Acta societatis philologae Lipsiensis* ed. Ritschl tom. 2 p. 55 ff.
6) Lupi *epitaph. Severae* p. 157.
7) Priscian 7, 36. p. 317, 25 (Hertz).
8) Plaut. *Trucul.* 1, 2, 28; cf. 2, 5, 26.

wo ‚nach dem Schwund des *s* und Contraction der Vocale, wie in
zweisilbigem *mensai* und *dici*, der im Latein nur spärlich erhaltene,
in der *o*-Decliuation überall verwischte Diphthong *oi* in *i* übergieng wie im Nom. Plur. *poploi* in *popli*.
173. Wie früh dieser Process vollzogen war, erhellt einmal
aus der auch von Lachmann zu Lucr. p. 245 beobachteten Thatsache, dass gerade die ältesten Denkmäler ausschliesslich *i*, nicht
ei als Genetivendung darbieten, sodann aus der steten Verschmelzung dieser Endung mit dem vorausgehenden *i* der *io*-Stämme,
Gen. *consili*, Stamm *consilio*, endlich aus der im Anfang des sechsten
Jahrhunderts bereits eingetretenen Verkürzung des *i*, durch welche
volksthümliche Bildungen wie *Naepor* und *Marpor*[1]) aus *Naei*, d. h.
Gnaivi por und *Marcipor* entstanden, und welche noch Plautus
nicht verwunden hat, der in Anapästen *Bacch.* 1167 *probri pérle-*
cebrae et persuastrices, im Senar *mil. glor.* 362 wenigstens *erī cón-*
cubinast zulässt. Auf den Inschriften vor Lucilius ist *ei* unerhört,
wir finden: *Keri, Sacturni, Volcani pocolom, Pomponi opos, filios*
Barbati, Curtia Rosci und *Tapia Vestori, Cordi mater*[2]), ausserdem
Aisclapi pococolom, Pilonicos Tasei filios[3]); im *Sen. cons. de Bacan.*
latini urbani sacri, während der Nom. Plur. immer *virei oinvorsei*
foideratei[4]) lautet; im genueser Schiedsspruch vom Jahr 637 lediglich *agri privati poplici casteli frumenti vini colendi anni primi* wie
senati, während der Nom. Plur. zwischen *ceteri* und *invitei, qui* und
quei schwankt.
174. *Genetiv Singularis auf ei.* Das erste Document, auf
welchem man der Genetivendung *ei* begegnet, ist der nach dem
Jahr 608 verfasste *titulus Mummianus*[5]): *cogendei dissolvendei tu ut*
facilia faxseis (frühere Vermuthung *cogentei* aus syntaktischen Gründen); auf der *lex repetundarum*[6]) vom Jahr 631/2 findet sich *populei*
dreimal, *suei* zweimal, *tribuendei* neben *Latini poplici quanti simpli*
dupli scribundi consili; auf der *lex agraria*[7]) vom Jahr 643 *populi*
Romanei sechsmal, *populei Romanei* und *populei Romani* je einmal,
populi Romani zweimal, *agri* fünfundzwanzigmal, *agrei* einmal, *locei*
zehn- und *loci* viermal, *publicei* und *privati, colonei leiberei* und *Latini*
tanti, vinei oleive, lediglich aedificei und iudici. Hiernach kann

1) *Corp. inscr. lat.* 1. n° 1539 o und 1076.
2) *Corp. inscr. lat.* 1. n° 46, 48, 50, 52, 32, 104, 151, 98.
3) *Ephemeris epigraphica* 1, p. 8 n° 5 und p. 15 n° 23.
4) *Corp. inscr. lat.* 1. n° 196 Z. 19, 20, 3, p. 43.
5) *Corp. inscr. lat.* 1. n° 542.
6) *Corp. inscr. lat.* 1. n° 198.
7) *Corp. inscr. lat.* 1. n° 200.

nicht behauptet werden, dass durch Aufnahme des *ei* in Attius Zeit ein an den ehemaligen Diphthong erinnernder Mischlaut und etwas anderes als langes *i* ausgedrückt ward.

175. *Regeln der Grammatiker.* Lucilius stützte sich auf die Tradition des sechsten Jahrhunderts, als er für den Gen. Sing. *i*, für den Nom. Plur. *ei* verordnete[1]), obgleich seine Theorie den ferneren Gebrauch von Genetivformen wie *Marcei furtei utendei* bis ans Ende der Republik, in der *lex Iulia municipalis* und bei Catull nicht aufgehalten hat; Nigidius wiederholte die Vorschrift *huius amici* oder *magni* mit blossem *i* zu bilden[2]) und sie ward seitdem stets befolgt.

176. *Genetiv Singularis der io-Stämme.* Die Wahrnehmung, dass bei den *io*-Stämmen das stammhafte mit dem casualen *i* vereinigt wird, verdankt man bekanntlich Bentley zu Ter. *Andr.* 2, 1, 20; eine sorgfältigere Ausführung Lachmann zu Lucr. p. 325. Aus der Metrik der Komiker und der späteren Dichter ersah Bentley, dass „*sub Augusti senescentis aetate*“ zuerst die in unseren Hand-schriften meist untergeschobenen Genetive auf *ii* hervortreten an-statt *mendaci convivi flagiti benefici ingeni negoti peculi preti*, welche der Vers verlangt. *i* überall haben Horaz Manilius Persius, *ii* Properz 2—3mal, öfter Ovid Seneca und die späteren, obgleich auch diese wie Juvenal noch Contraction zulassen. Lachmann be-obachtete, dass bei tribrachischen Wörtern schon die Sceniker dem zweisilbigen Genetiv wie *viti* aus dem Wege gehen; Vergil sagt ganz ausnahmsweise *fluvii*[3]); der Dichter des *Moretum* Germanicus Gratius haben *apii spatii Latii*. Varro glaubte, die Aufschrift *Plauti fabulae* hätte verführt, Stücke eines Dichters Plautius dem be-rühmteren Sarsinaten beizulegen; Nigidius unterschied durch die Betonung vom Genetiv *Valéri*, der unseres Wissens keinen anderen Accent hatte, den Vocativ *Váleri*; formelhafte Wendungen wie *res mancipi* und *nec mancipi* und seit Plautus *compendi face* über-dauerten die Veränderung des Genetivs für alle Zeiten.

177. *Griechische Nomina.* Auch die griechischen Wörter hatten die gewöhnliche Endung der lateinischen Nomina ange-nommen. Wir finden bei Plautus *Talthybi*, bei Plaut. und Catull *gymnasi*, bei Horaz *Panacti*, bei Ovid *Rhegi*[4]); Plaut. *mil. glor.* 271

---

1) Charisius p. 78 f.
2) Gellius 13, 26.
3) Verg. *Aen.* 3, 702: *immanisque Gela, fluvii cognomine dicta.*
4) Plaut. *Stich.* 305: *continuum facta Talthybi contemnamque omnis nuntios; Bacch.* 427: *gymnasi praefecto poenas haud mediocris penderes.* — Catull. 63, 64: *ego gymnasi fui flos, ego eram decus olei.* Ovid. *Metam.* 11, 6:

hat der *Ambrosianus Philocomásii custos*, aber unlengbar richtig die anderen Handschriften *Philocomasio custos* wie *mil. glor.* 1431 *Philocomásio amator*; *Palladii* bei Vergil[1]) in einem Vers, den Schrader und Ribbeck für unächt erklären, würde nur ein zweites Beispiel der aufkommenden Neuerung bei Vergil sein; in den von Lachmann angeführten Versen des Ennius und Terenz ist noch eine Verschiedenheit der Locativ- von der Genetivbildung zu erkennen[2]).

178. *Inschriftliche Zeugnisse.* Die Zeugnisse der Inschriften stimmen mit den Dichtern überein. Auf den republikanischen Inschriften finden wir *feili benefici conlegi cultrari portori*[3]); einmal *conlegei* und in der *lex Rubria municipei*; die einzige Ausnahme von der Regel ist *ostiei lumen* in der *lex parieti faciundo* von Puteoli aus dem Jahr 649[4]), worin man nicht umhin können wird ein Zeichen mehr für die paläographisch ermittelte Thatsache zu erblicken, dass die Urkunde wie sie vorliegt in kaiserlicher Zeit restauriert ist. Aber gesetzt auch *ostiei* habe in dem puteolanischen Instrument des Jahres 649 gestanden, so wird doch niemand diese Ausnahme misbrauchen, um handschriftliches *ii*, wo es dem Vers nicht geradezu widerspricht, durch die Umsetzung in *iei* zu schützen z. B. Plaut. *mil. glor.* 478 *cónsiliei commisceam* statt *consili* oder gar einen Senarausgang wie *mil. glor.* 865 *meám partem infortúniei* herzustellen statt des in Handschriften wenig entstellten Gen. Plur. *infortunium.*

179. Auch die augusteischen Denkmäler bieten fast ausschliesslich *i*, Augustus Regierungsbericht[5]) *congiari* und *divi Iuli* und *navalis proeli*, zum Theil mit emporragendem *i*, welches blos die Länge bezeichnet und durchaus nicht *ii*, so wenig als in *consularI cum imperio* oder *reI publicae* oder *In saliare carmen*; derselbe Bericht aber bietet einmal 4, 37 nach sicherer Ergänzung *magi[ster conleg]iI* wie das *elog.* 27[6]) *auspiciI repetendi caussa.* Ob Verrius zum 23. December seiner Fasten *Taruti* oder *Tarutii* schrieb,

---

liquerat et Zanclen adrersaque moenia Rhegi. Horat. Od. 1, 29, 14: *libros Panaeti, Socraticam et domum.*

   1) Verg. Aen. 9, 151: *tenebras et inertia furta,* | *Palladii, caesis summae custodibus arcis* | *ne timeant.* — ibid. 2, 164: *Palladium, caesis summae custodibus arcis.*

   2) Ennius *Hedyphagetica* 4: *Brundisii sargus bonus est.* — Terent. *Eunuchus* 519: *rus Sunii ecquod habeam.*

   3) Hübners *Index* p. 603 und 576.

   4) *Corp. inscr. lat.* 1. n° 577.

   5) Edit. Mommsen 2, 8. 1, 11. 2, 21.

   6) *Corp. inscr. lat.* 1. p. 287.

bleibt ungewiss, da verschrieben steht *Tarutili* und zwar *l* sicher vor dem Schluss-*i*[1]). In Claudius Lyoner Rede steht *Tarquini* und *Caeli*, aber *imperii* neben *imperi*[2]). Die Bronzetafel von Malaga aus der Zeit des Domitian zeigt abwechselnd *municipi* und *municipii*[3]). Seitdem wiegen die aufgelösten Genetive vor wie die Dichter lehren, aber die contrahierten sind nie untergegangen, namentlich die Nomina propria weisen dieselben fast ausschliesslich auf. Dieselbe Inschrift hat (*S*)*eptimi Severi*, ein wenig weiter *propagat*. *imperI* und schliesslich (*Aure*)*li Antonini piI*[4]); eine andere bringt *Porci Optati*[5]); eine dritte *Septimii Severi Pertinacis et M. Aureli Antonini*[6]) u. s. w.; in den *tabulis honestae missionis* von Claudius bis Diocletian findet man kein sicheres Beispiel des Genetiv auf *ii* bei Eigennamen; die Form *conubii* findet sich erst seit 216[7]).

180. *Die Theorie der Grammatiker.* Mit dem wirklichen sprachgeschichtlichen Hergang stimmt nicht recht die Ueberlieferung des Charisius, wonach Varro bei Nomina wie *Lucius Aemilius* den Genetiv auf doppeltes *i* befohlen und zugesetzt: *vocativum quoque singularem talium nominum per duplex i scribi debere, sed propter differentiam casuum corrumpi*, wonach Plinius zwar die Vernünftigkeit des Genetivs *Lucii* eingeräumt, aber hinzugesetzt *multa jam consuetudine superari*[8]); dergleichen Vocative Sing. *Lucii pii* sind jedoch bis jetzt unbekannt.

181. *Stämme auf io. Adjectiva.* Von den Substantiven hat der Gebrauch die Adjectiva unterschieden. Zwar das ancyraner Denkmal schreibt auch *auri coronari* wie *Iovis Feretri*[9]), aber in der Litteratur finden Seneca's[10]) *numen Epidauri dei*, Juvenal's[11]) *nominis Appi* und in dem inschriftlichen Senar *magister ludi litterari Philocalus*[12]) nicht ihres Gleichen, *Feretri Iovis* bei Properz[13]) wird als eine Art Beiname leichter entschuldigt, kein Autor sagte oder

---

1) *Corp. inscr. lat.* 1. pag. 319 und 409.
2) Boissieu *inscr. de Lyon* p. 136 links.
3) *Corp. inscr. lat.* 2. n° 1964.
4) Orelli 5493.
5) Orelli 5494.
6) Orelli 5496.
7) Mommsen, *Hermes* 1. p. 462.
8) Charisius p. 78, 6 u. 79, 2 (Keil).
9) *Mon. Ancyr.* 4, 5. 26.
10) Seneca, *Hippolyt.* 1019.
11) Juvenalis, 6, 385.
12) *Hermes* 1. p. 148.
13) Propert. 5. (4.) 10. v. 1. 48.

schrieb anders als *patrii numinis*. Das vergilische *fluvii* erklärt Lachmann aus der adjectivischen Geltung des Wortes nach Fem. *fluvia* bei Attius und Sisenna[1]), ebenso o *mihi nuntii beati*[2]), gleich ὧ τοῦ εἰαγγελίου vom Nom. *nuntius* oder *nuntium*, welches Wort als Adjectivum angesehen werden muss, wenn man nicht den Zeitgenossen Varro's eine bewusste Abweichung vom Herkommen schlechthin beimessen will. Die Unterscheidung der Adjectiva scheint keinen andern Grund zu haben als das Streben der Schriftsprache nach Deutlichkeit. *arbitratu Cn. Laetori magistrei pageiei* im Beschluss des *pagus Herculaneus* vom Jahr 660[3]), wo *ex lege pagana* vorhergeht, ist wohl nur durch Versehen geschrieben für *pagei*, wie im Bauernkalender[4]) vom December *tropacae* für τροπαί.

182. *Stämme mit consonantischem i vor us.* Wo das *i* vor der Nominativendung *us* consonantisch war, ward es ebenfalls mit dem casualen *i* verschmolzen wie *Pompei* in Augustus Regierungsbericht[5]); aller Wahrscheinlichkeit nach existierte alt *hominis plebei* und *plebciei*. Da *Pompeius* nicht ungewöhnlich war, so sollen einige der späteren Regel gemäss *Pompeiii genetivum per tria i* geschrieben haben, *ut si dicas Pompelli, nam tribus i iunctis qualis possit syllaba pronuntiari? quod Caesaris placitum a Victore quoque comprobatur*[6]).

183. *Der Stamm meo.* Der Stamm *meo* schliesst sich eng an die Stämme auf *io* an. Bei den Scenikern ist der Genetiv *mei* einsilbig wie bei andern Dichtern *Pelei*[7]) und *Promethei* zwei- und dreisilbig; Nigidius Worte *mei qui scribit in casu interrogandi velut cum dicimus „mei studiosus" per i unum scribat, non per e, at cum mihei, tum per e et i scribendum est, quia dandi casus est*[8]), geben keinen andern Sinn als den, dass im Genetiv Singularis *mi* zu schreiben sei (vgl. Voc. Sing. und Nom. Plur.), *mei* aber dem Dativ vorbehalten werde. Eine Inschrift giebt: *quod mi voluptati sati non fecerit*[9]) —; man könnte hier *mi* als Genetiv von *ego* betrachten,

1) Attius, *Trag.* 505 (Ribbeck) Nonius p. 73. — Sisenna bei Nonius p. 207.
2) Catull. 9, 5.
3) *Corp. inscr. lat.* 1. n° 571.
4) *Menologium rusticum Vallense*, Decemb. *corp. inscr. lat.* 1. p. 359.
5) Ed. Mommsen 6, 37. 38.
6) Priscian 1 § 19 (Hertz).
7) Catull. 64, 382 *felicia Pelei* am Hexameterschluss. — Verg. *Eclog.* 6, 42 *furtimque Promethei* ebenso.
8) Gellius 13, 26.
9) *Corp. inscr. lat.* 5. n° 4488.

wenn man es nicht lieber aus dem nächststehenden Vocativ *mi* soror erklärt, und für einen Barbarismus nimmt. Dem Sinne nach müsste es *meae voluptati* heissen. Africaner nehmen es mit Barbarismen wie *lector meis carminis*[1]) nicht genau.

184. *Unregelmässige Genetive.* Wunder nimmt der Genetiv nach der *o*-Flexion bei Eigennamen, deren Nominativ auf *es* endigt, und zwar griechischen, von denen *Achilli* und *Ulixi* auf Grundformen *Achilleo* und *Ulixeo*[2]) zurückgeführt werden könnten, was bei *Carneadi Aristoteli Chremi*[3]) nicht möglich ist; Plautus schreibt ebenso *acrumnas omnis Herculi*, und Catull *Herculei labos est*[4]), Cicero sagt: *filium Verri*[5]). Dies letzte Beispiel beweist klar dass man diese Formen durch συνεχδρομή mit römischen Gentilnamen auf *ius* und mit griechischen Genetiven wie Καρνεάδου erklären muss.

Genetiv Singularis der Pronomina.

185. *Persönliche Pronomina.* Wie im gemeinen Gebrauch der Genetiv von *meus* den von *ego* ersetzte, so werden auch *tui* und *sui*, die Genetive der Possessivpronomina *tuus* und *suus* für die Genetive der zweiten und dritten Person des Personalpronomens gebraucht. Doch haben die Personalpronomina echte Genetive *mis* und *tis* gehabt, von den auch dem Dativ zu Grunde gelegten Stämmen *mi* und *ti* mit Dehnung, doch sind diese seit Plautus Zeit verloren; *sis* von Priscian vorausgesetzt, ist nicht nachweisbar[6]).

186. *Nicht persönliche Fürwörter.* Ganz eigenthümlich dem Latein ist die Genetivbildung bei den geschlechtigen Fürwörtern: der Stamm wird durch *i* erweitert und nimmt das Suffix *us* an; in den zweisilbigen Formen behält *i* consonantische Geltung, in den mehrsilbigen wird es rein vocalisch; diese Genetive dienen dem Masculinum und Neutrum sowohl als dem Femininum. — Es

---

1) Orelli-Henzen n° 6202.
2) Quintil. 1, 5, 63. — Hor. Od. 1, 15, 34. id. 1, 6, 7.
3) Terent. *Andr.* 368; Cicero et all.
4) Plaut. *Pers.* 1, 1, 2. — Catull. 55, 13. Der nachweisbare sabinische Dativ *Herclo* und der oskische *Herekluí* neben *Hereklei*, welche auf einen italischen Stamm *Herkolo* führen, erlauben an einen altlateinischen Nominativ *Herculus* zu denken.
5) Probus p. 28, 20 ed. Keil.
6) Ennius b. Prisc. 13, 4. p. 3, 7 (Hertz) (*annales* 131 Vahlen) *ingens cur*??) *mis concordibus aequiperare* (Vahlen *curast*); Plaut. *mil. glor.* 1033: *quis tis egeat, quia tí careat.* Trinumm. 343: *ut ita te aliorúm miseresceat, né tis olim tísereat.* Prisc. 13, 4. p. 2, 28: *sui quod debuit secundum analogiam esse ??? tí?* 1, *quod dubitationis causa, ne verbum esse putetur, recusaverunt proferre.*

sind wahrscheinlich abgeleitete Adjectiva, so dass *quoius* der ungeschlechtige Genetiv mit dem geschlechtigen Adjectiv *quoius quoia quoium* identisch wäre. Als diese Formen die Functionen des Genetiv überkamen, brauchte man sie natürlich ungeschlechtig[1]). 187. *Qui.* Die Form *quoius* vom Stamm *quo* ist die einzige auf republicanischen Inschriften, auch im *elogium* 29[2]), später findet man *cuius*; dreisilbige Messung darf nicht angenommen werden; der Saturnier der Scipionengrabschrift ist zu scandieren: *quoius formá virtútei párisumá fúit*[3]); bei Lucrez 1, 149 *principiúm cuius hínc nobis* kann man Verkürzung der sonst langen Stammsilbe sehen oder Reduction auf eine Silbe[4]) (s. Lachmann zu der Stelle); letzteres ist bei den Scenikern ganz gewöhnlich, indem *u* herausgedrängt und so die Endung fast ganz zerstört ward; kretisches *quoiusmodi*[5]) unterscheidet sich nicht von dem geradezu so geschriebenen *quoimodi* wie das regelmässige *cuicuimodi; quoi fides fidelitasque* steht in den Handschriften des Plautus *trin.* 1126 für *quoius*, wohl auch *cui non misertus ubique*[6]) als Genetiv; in einem Vers bei Lucrez ist blos Schluss-*s* geschwunden: *quin aliquóiu siét saecli*[7]).

---

1) Meunier, *Mém. de la soc. de linguistique de Paris* 1. p. 14 erklärt *quoi-ius, hoi-ius, ei-ius, illi-(i)us* für doppelte Genetive 1. Gen auf *i* wie *domini* u. 2. *ius* hypothetischer Gen. von *is* wie *patrus* (§ 146) und erinnert an den doppelten Genetiv Pluralis *quorum eorum* Plaut. *Trinumm.* 1023. — Meunier liest Plaut. *Pers.* 83 mit Trennung der Bestandtheile: *set eccúm parasitum quoi mi ius auxilióst opus;* die Handschriften geben: *quo mihi ius* (*C D*), *quoius mihi* (*B*). — Man vergl. die Hypothese des Vorhandenseins eines *huic* in den romanischen Dativen wie *lui* = *illi huic* (Diez, *Gramm. d. rom. Sprachen* 3. Ausg. 2. p. 82).

2) *Corp. inscr. lat.* 1. p. 288 (Z. 10).

3) *Corp. inscr. lat.* 1. n° 30.

4) Meunier (*Mém. soc. ling.* 1. p. 49) vermuthet *quíus* von *quis* wie *ius* von *is* und führt den Vers bei Cic. *de off.* 3, 26, 98 an: *Cuius ipse princeps iúris iurandi fuit,* wo *cuius* einsilbig gelesen werden muss.

5) Plaut. *Menaechm.* 575: *rés magis quaéritur quám cluentúm fides quoiusmodi clúeat.*

6) Renier, *inscr. de l'Algérie* n° 2074. Vielleicht ist überall *quoi* oder *qui* zu setzen, wo *quoius* vor einem Consonant oder sonst einsilbig ist; z. B. *Bacchides* 1016, wo Scaliger *qui* vorschlägt, wahrscheinlich nach der Handschrift, welche Ritschl in seiner Vorredo p. VIII anführt; *mil. glor.* 1081, wo *B. cui* giebt, *Bacch.* 400; *Pers.* 590 indica *mínumó, daturus qui sis, qui ducí queat.* 661 *qui datur* (mss. *quid*) *Menaechmi* 649 *quique,* 1159 *quiqui;* Plaut. bei Festus (*s. v. sub corona*) *cuique:* add. *quoi* bei Varro *De lingua latina* p. 218 (Müller).

7) Lucr. 2, 1079.

188. *Hic.* *Hic* hat im Genetiv *hoius, hoiusce¹),* im Tempel-
gesetz von Furfo²) vom Jahr 696 *hoiusque aedis,* aber gleich darauf
aedis huius nach Mommsens Verbesserung von *humus,* unter Augustus
huius rogationis ergo⁸); *huiusmodi* als Dactylus bei Plautus, da
auch der Gen. *modi* kurz ward⁴); *huius est* wie eine Silbe also
gleich *hoist* bei demselben⁵).

188. *Is.* Der Genetiv *eius* wird oft *eius* geschrieben, *uxor*
eius und *nura eius⁶),* in Handschriften nicht selten verderbt und
von Herausgebern nicht verstanden wie Cicero *ad Atticum* 1, 1 zu
Ende: *miserrimo eius tempore* und *ut totum gymnasium eius*
ἀνάθημα *esse videatur;* auch *eIus* um den i-Laut zu beiden Silben
zu ziehen⁷), zu Gallienus Zeit auch *aeius⁸); eius* ist einsilbig in
Ciceros Hexameter *de nat. deor.* 2 § 109: *atque eius ipse manet*
religatus corpore toto, wo ein alter Corrector *atque eius* in *ēius et*
änderte; ebenso einsilbig in der alten Volks- und Theatersprache.

190. *Ille etc.* Die Genetive *illius istius ipsius utrius alius*
totius solius u. s. w. werden aus *illoius* u. s. w. entstanden sein
durch frühzeitige Vereinigung des *i* mit *o* zum Diphthongen und
Trübung desselben; *ipseius* kommt in einer asiatischen Inschrift
vor⁹); auch in einer rheinischen; *ipsieus´* in einer christlichen aus
Algier¹⁰) ist wohl nur ein Versehen des Steinmetzen und meint
ebenso *ipseius.* Bei Plautus ist *illius* bereits Tribrachys wie Am-
phimacer, *illiust* und *ilius est¹¹);* die dactylische Prosodik konnte
nur *ālterius* brauchen; Lucrez hat *totius¹²);* da Cicero *de orat.* 3
§ 183 in *si Quirites minas illius* einen kretischen Eingang der Rede
findet, scheint in der gewöhnlichen Aussprache dieses Wortes damals die Kürze durchgedrungen zu sein, während bei den meisten

1) *Corp. inscr. lat.* 1. n° 198 Z. 66 (*lex repetundarum* p. 61).
2) *Corp. inscr. lat.* 1. n° 603.
8) *Corp. inscr. lat.* 1. n° 1409.
4) Plaut. *mil. glor.* 1023: *pedetémptim tu scis tractari solitds esse huius-*
modi mércis.
5) Plaut. *Stich.* 50. *nam mihi pol grata acceptaque huiust benignitas.*
6) Renier, *inscr. de l'Algérie* n° 3575.
7) Schmitz, Beitr. z. lat. Sprach- u. Literaturkunde, Leipz. 1877, p. 82 ff.
8) Orelli 1009. cf. vol. 3. p. 107.
9) Orelli 6338: *ex peculio ipscius scripsit.*
10) Renier, *inser. de l'Algérie* n° 3446.
11) Plaut. *mil. glor.* 936 u. 987: *haéc celox illiust, quae hinc egréditur*
internúntia. — quae haéc celox? — ancillula illius ést, quae hinc egreditúr
foras. — v. 1170: *prae illius forma.*
12) Lucr. 3, 97: *partes animantis totius exstant.*

analogen Genetiven die Länge sich erhielt. Quintilian[1]) fand *unīus*
nicht *extra carmen, solius* und *neutrius* kommen nirgends verkürzt
vor. Wie *quoius* einsilbig, so ward *nullius* bei den ältesten zweisilbig; als Spondeus, folglich metrisch gleich *nulli* steht dies *Pseudulus* 1190 *nullius colóris*, wo dactylische Messung — ⌣⌣ gegen
den Verston verstösst.

191. *Genetiv auf i und ae.* Durch diese Zusammendrängung
entstanden die zweisilbigen Formen *isti modi* und *illi modi* bei
Plautus und Cato[2]), *ali rei causa* und nicht *alii* für *alius* bei Cälius
Antipater[3]), *satias toti familiae* bei Afranius[4]). Hiemit hängt nicht
zusammen der Umschlag aus der pronominalen in die nominale
Declination, wie regelmässig *neutri generis*, schwerlich aus *neutrius*,
sondern wie *masculini*, nicht selten beim Femininum, *gnatae alterae*[5])
und *utrae unae ullae totae* laut Grammatikern, aber nie *eae*. In
dem Vers *quit ego non possim caput illae frangere fuste*[6]) kann
illae Genetiv oder Dativ sein.

Genetiv des Pluralis.

192. Das ursprüngliche Suffix des Genetiv Pluralis war *ām*.
Im Gräcoitalischen wurde daraus *ōm*; dann im Griechischen *ων*,
italisch zumeist *um*, oskisch *Núvlanum* und *Tiiatium*, umbrisch
puplum und *fratrum*, aber jünger *poplom* und *fratrom*, im Latcini-
schen hielt sich *om* über den Anfang des sechsten Jahrhunderts
hinaus nur nach *u* und *v*. — Doch ist auf einer praenestinischen
Ciste Pygmäus als *pater poumilionom*[7]) (= *pumilionum*) bezeichnet.
Der Vocal vor dem *m*, ursprünglich lang, wurde verkürzt; Ennius
sagt (mit Hiatus) *milia militūm octo*[8]).

Genetiv Pluralis der consonantischen und *i*-Stämme.

193. *Consonantische Stämme. Genetiv Pluralis auf um erum.*
Der Genetiv Pluralis consonantischer Stämme wird regelmässig

---

1) Quintil. 1, 5, 18.
2) Plaut. *Truculent.* 5, 38. — Cato b. Prisc. 6, 36 p. 228, 3—5 (Hertz).
8) Priscian 6, 36; p. 226, 23.
4) Priscian 6, 36 p. 227, 10. — Doch geben die meisten Handschriften
totae.
5) Terent. *Andr.* 933.
6) *Corp. inscr. lat.* 4. n° 1824.
7) *Ephemeris epigraphica* 1. p. 13 n° 20.
8) Ennius *annales* 336.

durch Anhängen des Suffix *um* an den Stamm gebildet, so erhält man die Formen *indicum, frugum; principum; peditum, capitum; prolationum, fulminum; pugilum, matrum; maiorum, scelerum.* Bei Vergil findet sich nach handschriftlichem Indicium, von consonantischen Grundformen *bovom*[1]); bei Lucrez und Varro *boum:* in Handschriften auch *bouum*[2]) das für *bovom* oder für *boum* stehen kann. Ganz eigenthümliche Formen führt Varro[3]) auf, *boverum greges* und *Ioverum signa,* Charisius[4]) erwähnt aus den Annalisten *nucerum, regerum, lapiderum,* schwerlich für *bovi-rum,* so dass das bei den Pronominal- und *a*-Stämmen aufgenommene Suffix *sum, rum* einst auch der *i*- und consonantischen Declination sich mitgetheilt hätte; vielmehr, da auch der Singularis *sueris* für *suis*[5]) bei Plautus vorkam, scheint *er* nicht Casus- sondern Wortbildungssuffix, *bover suer lapider* erweiterte Grundformen neben *bov su lapid* oder besser *bovi sui lapidi* wie *vir, sper* in *vires speres prospere* neben *vi spe* oder besser Genetiv Singularis *puberis cucumeris acipenseris* neben *pubis cucumis acipensis.*

. 194. *i-Stämme. Genetiv Pluralis auf ium.* Oft finden sich die *i*-Stämme nur im Genetiv Pluralis unverändert und von den consonantischen verschieden: die Endung *ium* steht der Endung *um* gegenüber. Regelmässige Formen dieser Art sind: *aedi-um omnium testium civium navium aurium animalium gentium litium artium imbrium.*

195. *Regeln der Grammatiker.* Die Verwirrung von Grundformen auf *i* und consonantischen, das Schwanken der Endung zwischen *ium* und *um* hat die ganze Latinität über gedauert; die alten Grammatiker, um feste Regeln bemüht, widersprachen sich in vielen Punkten, wie Charisius[6]) darthut: Caesar verlangte *panium,* aber Verrius *panum,* Caesar *partum,* aber Plinius dem Sprachgebrauch gemäss *partium*; die mehr aus der Uebung seiner Zeit als aus erschöpfender Sammlung des Materials abstrahierten Vorschriften Priscians stellt Struve (*über die lat. Decl. u. Conjug.* p. 33) kurz zusammen.

196. *Die Endungen um und ium bei Plautus.* Wie weit der Usus bei einzelnen Wörtern, ja Wortclassen sich consolidiert hatte,

---

1) *Georg.* 3, 211.
2) Cicero ed. Halm tom. 4 p. 795, 29.
3) Varro, *de lingua latina* 8, 74.
4) Charisius p. 54, 25 (Keil).
5) Festus p. 330 (Müller s. v. *spetile*). Cf. *suere* ap. Varronem *de ling. lat.* 5, 22, 110.
6) Charisius p. 141, 20 ff. Keil.

lässt sich ohne die einschlagenden Beispiele kaum vorführen. Dabei sind zuvörderst die inschriftlich, durch Grammatiker, metrisch garantierten Formen zu sondern von den übrigen handschriftlichen Zeugnissen, die bei prosaischen Schriftstellern keine sichere Grundlage abgeben. In Plautus *mil. glor.* 262 [1]) und 297 haben B C D *familiarum*, das für den Vers nöthige *familiarium* ward erst in A gefunden; die Stelle *Bacch.* 41 *haut meretricium est* änderten die meisten Abschreiber in *haut meretricum est*, indem sie das Adjectivum verkannten, denn der Genetiv Pluralis lautet allerdings *meretricum Bacch.* 563, *meritricum* bei Verrius in dessen Fasten 25. April; *Stichus* 4 ist *absentium* in A, *absentum* in B C D, und interessant genug je nach der Genitivform in beiden Recensionen der Vers gemodelt, in der einen *abséntium ita ut aéquom cst*, in der andern *abséntum ut ést aéqum;* der Verdacht der Fälschung kehrt sich gegen die erstere Recension, obwohl *Stichus* 220 *praesentium* steht; *Men.* 355 hat die beste Handschrift *amantium*, die andere *amantum*, womit sich der wünschenswerthe Parömiacus herstellen lässt, *inlécebra animo sit amántum*, und derselbe Genetiv begegnet *Pseud.* 66, *most.* 171, *mil. glor. arg.* 2, 11 und v. 625 [2]), während Terenz *Andr.* 218 *amentium haud amantium* sagt. Also wo handschriftlicher Ueberlieferung das Correctiv fehlt, wird man behutsam zu Werke gehen und nach Analogien umschauen müssen.

197. *um statt ium.* Bei den Nomina, deren Singularis Nominativ und Genetiv die *i*-Form zeigt, war *ium* allzeit zulässig, meist vorherrschend, ausgenommen *canum* und *iuvenum* [3]): *apum* neben *apium*, bei Cicero und andern *sedum caedum vatum, mensum* bei Plautus und Ovid [4]), *mesum* Inschrift bei Fabretti [5]), *caelestum*

---

1) Plaut. *mil. glor.* 262. *nam ille non potuit quin sermone suo áliquem familiárium | párticiparerit de amica erí, vidisse.* — ibid. 278. *métuo — quid metuis? — ne hercle hodie, quántumst familiárium | mázcumum in malúm cruciatum insiliamus.*

2) Plaut. *Pseud.* 66: *compréssiones ártae amantum cómparum. Most.* 171: *ut lépide ea omnis rés tenet senténtiasque amantum. Mil. glor. arg.* 2. 11: *cómmeatus clancúlum | qua fóret amantum géminam fingit múlieris | sorórem adésse;* im Text v. 625: *níhil amas, umbrá's amantum mágis quam amator, Pleúsicles.*

3) Merkwürdiger Weise haben diese beiden Wörter ursprünglich einen consonantischen Stamm, wie ihn griech. *xvov-* und *xvv-*, altindisch *çvan-* und *çun-, yuvan-* zeigen; im Latein existiert der Stamm *iuven-* noch in *iuven-cu-s*.

4) Plaut. *most.* 81. *paucórum mensum sunt relictae réliquiae.* Ovid. *Metam.* 8, 500: *et quos sustinui bis mensum quinque labores* (cit. v. Prisc. 7, 77 p. 353, 6. Hertz).

5) Fabretti 31, 59: *quam nupsi annor. XII mesum XI dierum XIIII*

ágrestum bei Vergil [1]), *Thermcsum* zweimal in der *lex Antonia* vom Jahre 683 neben viermaligem *Thermcsium* oder *Termcsium*, aber *Vticensium Caenincnsium Vicnncnsium*[2]) auf Inschriften aus Gracchus Augustus Claudius Zeit ; *Nepthínum regnatorem márum* hat Nävius in einem Saturnier, dessen Schluss freilich vorliegen müsste, um dem Gewährsmann unbedingt zu glauben[3]). Eine Inschrift bringt *insularum Baliarum*[4]).

198. *Einfluss des Accents.* Man kann zugeben, dass bei der kürzeren Genetivbildung *tribunus Celerum, volucrum, comparum* auch eine gewisse Abneigung den Accent von *céleres* zu ändern mitgewirkt hat, aber die Bedeutung welche Reisig (*Vorlesungen üb. lat. Sprachwissenschaft* p. 93) dem Accent beizulegen geneigt war, wird nicht nur durch die Dative, sondern auch durch manche Genetive, wo der Ton gegen die übrigen Casus nach der gemeinen Accentuation um eine Silbe vorrückt, auf das entschiedenste bestritten. Man lasse nicht aus den Augen, dass im Latein und Griechisch Accent und Rhythmus nicht notwendig zusammenfielen, wie bei den modernen Sprachen — dass vielmehr der Accent nur musicalisch wirkte. S. darüber J. H. Heinr. Schmidt *Leitfaden in der Rhythmik und Metrik*, Leipzig 1869, § 4 u. 5.

199. *Ium in um contrahiert.* Die Endung *ium* nähert sich durch Synizeso dem blossen *um*; bei Plautus geschicht dies nicht nur in Anapästen *hic homóst omnium hóminum*[5]) *praecipuos* (*trinumm.* 1115), sondern auch im Septenar *Stich.* 526 *ómnium mé exilem átque inanem* (Ritschl *prol. trin.* p. 134 will lieber *ŏmnium* anapästisch messen). — Im Senar eines kaiserlichen Militärbeamten steht *spicifera iusti inventrix úrbium cóndilrix*[6]).

200. *Ium statt um bei n - r - s - Stämmen.* Bei sonst consonantisch flectierten Nomina wird die Nebenform *ium* nie oder fast nie angetroffen bei *n - r - s -* Stämmen wie *ordinum epulonum patrum doctorum morum maiorum*; Ausnahmen sind *virium* und *complurium*;

---

1) Verg. *Aen.* 7, 432; *Georg.* 1, 10.
2) *Corp. inscr. lat.* 1. p. 114. n° 204, 2 Z. 7 u. 11 *Thermesum*; 1. Z. 13 u. 2 Z. 8 *Thermensium, Termensium* 1. Z. 33 u. 2 Z. 24 u. 28 *Thermesium* 1. Z. 2: im Ganzen sechsmal d. Genet. auf *ium. Vticensium* p. 84 n° 200 Z. 79 (*lex agraria*). Orelli 5053: *rege Caeninensium interfecto. Vicnnensium*, Rede des Claudius in Lyon Col. 2 Z. 9.
3) Priscian 7, 75 p. 352. 4 Hertz.
4) Gori 2, 46.
5) In der zweiten Ausgabe ändert Ritschl die Stellung in *hominum omnium.*
6) Orelli 5863.

eine oberitalische Inschrift giebt neben dem Genetiv *parentium* den Genetiv *fratrium*[1]).

201. *Ium statt um* bei Guttural- und Labialstämmen. Die Endung *ium* ist dagegen häufiger bei Guttural- und Labialstämmen, besonders bei einsilbigen wie *mercium*, aber auch *radicium* nach Plinius Gebot[2]), *scalprorum forcipiumque* bei Lucilius[3]) und *municipium*[4]) in amtlichen Urkunden aus Cäsars und Domitians Zeit, adjectivisch *felicium* aber *supplicum* nach Priscians Meinung zur Differenzierung vom Substantiv *supplicium*[5]).

202. *Ium statt um. Dentalstämme.* Die grössten Schwankungen zeigen sich bei Dentalstämmen: *compédium tritor* Plautus[6]); regelmässig wurde *ancipitium* gesagt, während im Sing. Nom. die Grundform bis auf *ancep* verkürzt ist; man findet *Langatium* und *Genuatium* wie *Langensium* und *Genuensium* im Jahr 637[7]), *Penatium* und *civitatium* in Augustus Regierungsbericht[8]), *procurator hereditatium* als ständigen Amtstitel, so dass bei den Stämmen auf *at* das *ium* den Vorzug verdient. Für *servitutium* mangelt ein sicherer Beleg aus älterer Zeit, denn bei Plautus *Persa* 418 ward recht überliefert *stabulum servitricium*[9]), eine Adjectivbildung wie *meretricius*, - an deren Analogie das häufige *victricia arma* sich anlehnte; im *elogium* 27 steht *Samnitium*, in den *inser. regn. Neapolitani* n° 6164 *Interamnitium*, aber ebendaselbst 6152 *Interamnitum*; in Claudius Rede *locupletium*, aber bei kurzem Vocal vor der Endung *divitum* und *segetum*, denn in dem Distichon aus Tarragona[10]) *si nitidus vivas, eccum domus exornata est: si sordes, patior, sed pudet, hospitium* ist der Gen. Plur. an den jemand gedacht[11]) nachdem früher der Nom. des Neutrum mit *pudet* construiert[12]), dem Sinne nach

---

1) *Corp. inscr. lat.* 5. n° 4430.

2) In der *Naturalis historia* allerdings handschriftlich immer *radicum, cervicum* und *cervicium* und immer *fornacium*.

3) lib. 9, 48. L. Müller — citiert b. Charisius p. 94, 25 (Keil).

4) Cf. § 138.

5) Priscian 7, 79. p. 854, 25 u. 7, 86. p. 861, 2. Hertz.

6) Plaut. *Persa* 420.

7) *Corp. inscr. lat.* 1. n° 199 Z. 6, 26 p. 72. Die Formen *ensium* Z. 31, 82; 43.

8) Edit. Mommsen 4, 7 u. 6, 33; 4, 49.

9) Ritschl liest: *vir summe populi, stabulum servitutium*.

10) *Corp. inscr. lat.* 2 n° 4284.

11) Fleckeisen, *Jahrbücher* 1863 p. 777.

12) *hospitium* in dieser Stelle kann aber auch als Accusativ mit *patior* construiert werden; keinenfalls als Gen. Plur.

unpassend statt des Singularis; in jener Form auch nur durch ein paar handschriftliche Varianten beglaubigt, welche erst in Verbindung mit zuverlässigeren Quellen Werth erlangen würden.

203. *Ium für um bei nt-Stämmen.* Die Stämme auf *nt*, Participia und Adjectiva, haben von Alters her neben der consonantischen Form *ferentum* wie φερόντων die *i*-Form *ferentium*, bei den Dactylikern regelmässig die consonantische, wie *induperantum animantum balantum carentum rudentum sapientum* bei Ennius Lucrez Vergil, weil sich eine Form wie *animantium* etc. weniger dem Hexameter anbequemt; aber wir lesen auch in den Lyrica des Catull und Horaz *sonantum imminentum fugientum*[1]), auf einer alten Inschrift *deis inferum parentum*[2]), auf einer andern *committentum*[3]); anderntheils findet sich schon bei Plautus Cäcilius Terenz *amantium* neben *amantum, adulescentium* und *parentum* u. s. w. Die seit Seyferts Sprachlehre eifrig fortgepflanzte Theorie, dass *um* für *ium* eintrete bei Erhebung der Adjectiva oder Participia zu Substantiven, muss den Römern wohl nicht bekannt gewesen sein, da sie sonst nicht so viele Fehler dagegen gemacht hätten, nicht allein Plautus, sondern selbst Horaz, die so gut wie *cluentum* oder *clientum* auch *gerentum* und *recentum* sagen[4]).

204. *Genetive der dritten Declination auf uum.* Während bei den letztgedachten consonantischen Stämmen das Latein wenigstens seit dem sechsten Jahrhundert abweichend von den verwandten Sprachen auch die *i*-Form annahm, bildete es abweichend von den etymologisch verwandten Wörtern den Gen. Plur. *alitum* auch nach den *u*-Stämmen, *alituum* bei Lucrez und Vergil choriambisch[5]); bei dem inschriftlichen *virtutuum*[6]), *fratruum*[7]) und dem wiederholten handschriftlichen *mensuum*[8]) ist es mindestens zweifelhaft, dass *uu* Dehnung des Vocals anzeigen sollte.

205. *Genetiv Pluralis auf orum in der dritten Declination.* In der *lex Antonia* steht neben *Thermesum* und *Termensium* einmal *Thermensorum*, und dieser Metaplasmus war häufig in einer Reihe von Neutra, griechischen wie *poematorum*, lateinischen wie

1) Ennius annal. 413. Vahlen, Lucretius 1, 4. Catull. 34, 12.
2) Corp. inscr. lat. 1 n° 1241.
3) Inscr. regn. Neapol. n° 5020.
4) Plaut. Truculent. 2, 1, 13. Hor. Carm. 1, 10, 3.
5) Lucretius 2, 928. Verg. Aen. 8, 27.
6) Fabretti 688, 99 u. Orelli 896 corrigiert von Henzen p. 94.
7) Renier 1430 u. 4025.
8) Haupt in Mommsen iuris Anteiustiniani fragm. Vaticana p. 370, 26.

Compitaliorum vectigaliorum anciliorum bei Cicero[1]) und Horaz[2]) von Grundformen auf *io* statt der gewöhnlichen auf *i*, bei Lucilius *surpiculique holcrórum*[3]) wie Cato *holcris*[4]) für *holcribus* hat, später in der Volkssprache *pontificorum*[5]) und *mesoru* für *mensum* oder mit verdumpftem Vocal *mesoro* und in griechischer Schrift *μησωρων*[6]), letzteres in der Endung *ωr* gleich dem Gen. Plur. *soporantion*[7]), das aus Cassiodor[8]) abgeschrieben ist, wo *soporantium* steht.

Genetiv Pluralis der *u*-Stämme.

206. *Genetiv Pluralis auf uom uum.* Bei den *u*-Stämmen wird sich *om* allen Analogien zufolge länger gehalten haben, *magistratuom* wie Gen. Sing. *magistratuos*, wenngleich unsere Handschriften es schon bei älteren Autoren in *um* umgesetzt haben, *fructuum, mánuum móllitudine* u. s. w.[9]).

207. *Genetiv Pluralis auf um.* Man findet durch Contraction gewordenes *passūm* bei Plautus, Lucilius, Martialis, *currūm* bei Vergil, *trium exercitum* in Augustus Regierungsbericht[10]).

208. *Genetiv Pluralis auf orum.* Es finden sich auch einige Genetive nach der *o*-Declination: Laberius hat *versorum, nocnu numerum* (oder *non numerorum*), *numero studuimus*, wie ein anderer Komiker *cum tragicis versis*[11]), plebejisch *spiritorum magistratorum*[12]).

Genetiv Pluralis der *o*-Stämme.

209. *Genetiv Pluralis auf om um.* Das *o* der *o*-Stämme fliesst mit dem Casussuffix zusammen, *deom* wie griechisch *θεῶν*,

---

1) Cic. in *Pison.* 4, 8. ad *Attic.* cit. v. Charisius p. 146, 31. Keil.
2) Horat. *carm.* 3, 5, 10.
3) Lucil. b. Nonius p. 490.
4) Cato *de re rustica* 149, 2.
5) Fabretti 419, 378. *ex permissu pontificorum fecerunt*; 397, 282: *mesoru quator.*
6) Lupi, *Epitaphium Severae* p. 5 u. 188.
7) Renier, *inscr. de l'Algérie* 3253: *securitas soporantion, mánimen domorum, tutela claustrorum.*
8) *Cassiodor Variarum* 7, 7.
9) Pacuvius *Trag.* v. 246. Ribbeck.
10) Plaut. *Menaechmi* 178: *mille passum cónmoratu's cántharum.* Lucilius 3, 17 L. Müller citiert bei Charisius p. 203, 21; 15, 14 L. Müller; Martialis 2, 5, 8. Verg. *Aen.* 6, 653. *Mon. Ancyr.* edit. Mommsen 5, 40.
11) Priscian 6, 73 p. 258, 9. 11. Hertz.
12) Lupi, *Epitaphium Severae* p. 188.

auf den ersten Münzen[1]) *Romanom;* diese Endung blieb nach *u* und *v,* noch unter Sulla *maiorum]* *sovom lcibertatem*[2]), *duomvir* ein aus dem ursprünglichen Genetiv erwachsenes Nomen[3]); *duumvirum* neben *duovir(um)* und *duoviralium* in dem Baudocument von Puteoli ist dem Datum des Jahres 619 nicht angemessen[4]); doch hat man epigraphische Beispiele von *duum: senatorum duum*[5]), *duum* Lyoner Inschrift[6]); Fronto braucht diese Form in Nävius Art[7]); die Handschriften geben zu Plaut. *Merc.* 842 die Varianten *divom* oder *dium.* Seit dem sechsten Jahrhundert tritt *um* ein, wo kein *u* oder *v* vorhergeht, so inschriftlich *Veiturium inferum serrarium fabrum deum sestertium* und constant *II* oder *III virum,* nie *virorum*[8]). Bei Plautus sind diese Formen ungemein häufig: *nostrum socium*[9]); *deum fidem* und *deum virtute* und *deum atque hominum*[10]); *maiorum meum* und *meum parentum*[11]) und *vestrum familiarium*[12]), *liberum* neben *liberorum*[13]); *doctum hominum, ceterum verbum sat est* wie bei Ennius *commodus paucum verbum*[14]), namentlich *nummum aureum Pilipum numeratum* bei vereinzeltem *nummorum*[15]); auf Inschriften regelmässig *viginti millia nummum* und *centumilia nummum*[16]).

Noch eine Inschrift aus der Zeit Hadrians bringt *cervom altifrontum*[17]).

210. Terenz gebraucht wie Plautus nicht nur *nostrum liberum, maiorum suom, deum* oder *divom, talentum,* sondern noch seltnere Formen, *amicum, advorsarium,* in den Prologen zu Terenz (von ihm

---

1) *Corp. inscr. lat.* 1. n° 1.
2) *Corp. inscr. lat.* 1. n° 588.
3) *Corp. inscr. lat.* 1. n° 1107 u. 1341.
4) v. § 178.
5) Fabretti 266, 8.
6) Boissieu, *inscr. de Lyon* 526, 114.
7) Fronto p. 226 Nab.; Naevius v. § 222.
8) *Corp. inscr. lat.* 1. n° 199. Z. 32 (p. 72) n° 1241, 1108, 1124, 1410, 1409 Z. 5, *duum virum* 577 (1 Z. 8 u. 3 Z. 6) *II virum* 200 Z. 28 (p. 81); (*trium*) *virum* 198 Z. 13 (p. 58), n° 1235 *duum vir.*
9) Plaut. *Menaechm.* 134.
10) Trinummus 346: *édepol deum virtúte dicam, páter, et maiórum ét tua.*
11) Priscian 7, 26. p. 309 (Hertz).
12) *Mil. glor.* 174.
13) Mostellaria 120—121; *primúmdum paréntes fabri liberúm sunt | ei fundamentúm substruónt liberórum.*
14) Ennius *annal.* 251.
15) Trinummus 152.
16) *Ann. dell' inst. arch.* 1856 p. 24, 138. Fabretti 85, 152.
17) *Corp. inscr. lat.* 2. n° 2660.

oder Ambivius) findet sich nirgends die längere Genetivform. Lucrez sagt *deum* und *Graium*, braucht aber mit besonderer Vorliebe die kurze Form bei längeren Worten: *monticagum, squamigerum, horriferum, consanguineum*; Catull hat *virum*, Vergil *omnigenumque deum*, Horaz *deum* und *nummum*, ebenso noch später z. B. *proque prole posterum* im *Pervigilium Veneris*. — Livius Tacitus und andere sagen *barbarum* statt *barbarorum*, um die Häufung des r zu vermeiden. Die Prosa bewahrte *um* als regelmässige Form bei metrologischen Angaben, *nummum denarium modium iugerum*, nach alter Ueberlieferung in Titeln wie *praefectus fabrum*[1]) (aus Servius Classenordnung *procum patricium*)[2]); Cato Livius Tacitus sagten *triumvirum* (einer der drei Männer) *sevirum quindecimvirum*. Diese Formen waren zu allen Zeiten, aber besonders auf africanischen Inschriften beliebt[3]); *duo et octoginta templa deum refeci* sagt Augustus[4]) in seinem Testament, was nicht auffällig ist; aber wenn Sulpicius an Cicero schreibt *tot oppidum cadavera* im· Gegensatze zu *si quis nostrum*[5]), so galt diese Form den damaligen Redemeistern für veraltet.

211. *Genetiv Pluralis o statt um.* Auf Münzen des fünften Jahrhunderts finden wir mit Schwund des auslautenden *m* die Legenden *Romano Caleno Paistano Aisernino*[6]); daher auch fernerhin *duovir*, indem das Casusverhältniss nicht mehr bewusst war, und andere Bildungen, wie Nom. Plur. *duo viri* einwirkten. *Aisernio*, wie andere Münzen der Colonie Aesernia schreiben, wird vielleicht richtiger auf einen *i*-Stamm zurückgeführt.

212. *Aisernim.* Das seltene *Aisernim*[7]) mahnt an die Nachbarschaft des Oskischen, wo *u* unterdrückt ist in *Safinim* (lat. *Sabinorum*), wenn auch im Latein *alios alis* analog ist. — Die Münzaufschrift *Tiati* kann hiernach für·*Tiatim Tiatiom* stehen.

213. *Multigenerum.* Auffällig ist bei Plautus[8]) *unguenta multigenerum multa*, was von *multum, multu generum* hergeleitet werden muss.

---

1) *Corp. inscr. lat.* 1. n° 1124.
2) Festus p. 249 (Müller).
3) Rhein. Museum 11, 527.
4) Mommsen 4, 17.
5) Cic. *epp.* 4, 5, 4.
6) *Corp. inscr. lat.* 1. u° 13—21.
7) *Corp. inscr. lat.* 1. n° 20.
8) Plaut. *Stich.* 383.

Genetiv Pluralis der a-Stämme.

214. *Masculinstämme mit Genetiv auf um*. Von den a-Stämmen
haben nur männliche das Suffix *um* angenommen, das mit dem
Stammesauslaut verschmolz; Belege sind die Composita, deren
zweites Glied *cola* und *gena* ist bei Dichtern, *agricolum terri-
genum*[1]) und Namen wie *Aeneadum genetrix*[2]) oder *gentem La-
pithum*[3]), wohl unter dem Einfluss der griechischen Declination
auch nur bei Dichtern; denn der Genetiv *Metropolitum* bei
Cäsar[4]), wo Nom. Plur. *Metropolitae* vorhergeht, mit zwei oder
drei verwandten Beispielen in Prosa wird eben der Seltenheit
dieser Bildung wegen besser als Heteroclitum betrachtet nach Art
von *Samnitum Quiritum*, denn als identisch mit *Metropolitarum*.

215. *Feminina mit Genetiv Pluralis auf um*. Offenbar griechisch sind *amphorum* und *drachmum*[5]), die beiden einzigen weiblichen Genetive dieser Art, die obendrein vor Varro nicht vorzu-
kommen scheinen, deren Einführung durch *talentum sestertium* und
ähnliche Formen erleichtert ward; bemerkenswerth ist, dass das
distributive Zahlwort seine gewöhnliche Genetivform auch in Verbindung mit einem Femininum behält, *amphorarum septenum* bei
Columella statt *septenarum*[6]); dagegen *drachumarum Olympicum* bei
Plautus[7]) ist neuerdings beseitigt, *duum rerum* ebenda statt des
handschriftlichen *duarum* war verfehlt.

216. *Nundinum*. Im Senatsconsult *de Bacch.* finden wir
die Form *trinum noundinum*, ursprünglich Genetiv und als solcher
noch von Cicero *de domo sua* 16, 41 durch die Gegenüberstellung
von *triüm horarum* bezeichnet, dann wie ein eigenes ungeschlech-

---

1) Lucret. 4, 587: *et genus agricolum late sentiscere.* Valer. Flacc. 2, 18.
Lucr. 5, 1409: *terrigenarum.*
2) Lucr. 1, 1.
3) Verg. *Aen.* 7, 304. *Mars perdere gentens | immanem Lapithum valuit.*
4) Caes. *bell. civ.* 3, 81.
5) Gruter p. 647, 7: *viginti quinque millia amphorum annua consequan-
tur.* — Neue, *Formenlehre* I² p. 20 „*drachmum*" war im Gebrauch, wie man aus
einer Stelle bei Varro schliessen kann: *de ling. Lat.* 9, 49, 85: *Sic loquontur,
hoc mille denarium, non hoc mille denarii, et haec duo milia denaria, non haec
duo milia denarii. Si esset denarii in recto casu atque infinitam multitudinem
significaret, tum in patrico denariorum dici oportebat, et non solum in dena-
riis, victoriatis, drachmis, nummis, sed etiam in viris idem servari oportere,
cum dicimus iudicium fuisse triumvirum, decemvirum, non triumcirorum, decem-
virorum.*
6) Colum. 12, 28.
7) Plaut. *Trinumm.* 425 u. 1052.

tiges Nomen behandelt; es wird nicht auf *nundinae* zurückgehen, das den neunten Tag selbst ausdrückt, wie *nonae kalendae*, sondern auf *nundinum* das wohl von Alters her den Zwischenraum zwischen zwei *nundinae* ausdrückte (*decemviri cum fuissent arbitrati binos nundinum divisum habuisse* Varro b. Non. p. 215); in den Lexicis fehlt eine dritte Form *nundinium* „Markt"[1].

217. Im Vers des Ennius *optima caelicolum Saturnia* tritt natürlich das weibliche Geschlecht hinter das männliche zurück, wie in dem des Calvus *pollentemque deum Venerem*.

Genetiv Pluralis auf *rum*.

210. Bei den weiblichen *a*- und den *e*-Stämmen, desgleichen gewöhnlich bei den *o*-Stämmen ist das Suffix *rum*, vor welchem der Vocal gedehnt wird, *filiarum filiorum*.

219. *Die a-Stämme.* Aus Vergleichung des griechischen *θεάων* war längst auf ein gräcoitalisches *som* geschlossen worden; dies bestätigt die oskische Gen. Plur. *egmazum* (lat. *rerum*), während im Umbrischen bereits wie im Latein *s* in *r* verwandelt ist: *menzaru* (lat. *mensarum*); das ursprüngliche *sam* ist im Altindischen auf die pronominale Declination beschränkt, da nach Zersetzung der Ursprache das Bedürfniss, den Gen. Plur. der *a*-Stämme durch ein volleres Suffix von anderen Formen zu unterscheiden, beim asiatischen Sprachzweige zu einem verschiedenen Modus geführt hat. Wir dürfen demnach im Hinblick auf die römische Lautgeschichte annehmen, dass älteres *mensasom* seit den Samniterkriegen in *mensarom*, seit dem ersten punischen in *mensarum* überging. So alle andern *a*-Stämme, männliche wie weibliche.

220. *Stämme auf e.* Von *e*-Stämmen waren nur *dierum* und *rerum* im Gebrauch; Cato hatte *facierum*[2] gesagt, Cicero[3] verschmäht und bezweifelt die Latinität von *specierum* und *speciebus*, Quintilian[4] will keinen Genetiv Plur. von *spes* kennen; der alte Sprachgeist erstarb als Appulejus und Eumenius *specierum sperum* und ähnliche Genetive zu Tage förderten.

221. *Die o-Stämme.* Das vollere Suffix ward auch auf die *o*-Stämme übertragen: das früheste Beispiel ist, vielleicht nicht zufällig, das Pronomen *olorom* auf der Duelliussäule[5], dann *duo-*

---

1) Renier, *inscr. de l' Algérie* 4111. *pecora in nundinium immunia* vom J. 202.
2) Priscian 7, 95. p. 369, 2 (Hertz).
3) Cicero, *topica* 7, 80.
4) Quintilianus 1, 6, 26.
5) *Corp. inscr. lat.* 1. n° 195 p. 38.

noro für spätteres *bonorum* auf einer Scipioncngrabschrift [1]) um das Jahr 500, im *sen. cons. de Bacchan.* begegnet mehrmals *eorum*, aber ausser diesem und *trinum noundinum* nur ein Gen. Plur. *eciris Romanus neve nominus Latini neve socium quisquam*, in welcher Formel nicht. blos die *lex agraria*, sondern auch Livius regelmässig den kürzeren Genetiv braucht. Mit der Entwicklung der Littcratur scheint sich die jüngere Bildung mehr und mehr ausgebreitet zu haben, da sie bei Plautus schon vorwiegt; im Schiedsspruch der Minucier finden wir unter drei Fällen zweimal *Veituriorum Vituriorum*.

Genetiv Pluralis der persönlichen Pronomina.

222. Der Genetiv Pluralis wird beim persönlichen Pronomen wie der Genetiv Singularis vom Possessivpronomen entlehnt, *nostri* und *vostri* oder *vestri*, eigentlich „des unsrigen", für das Reflexivnm wieder *sui*.

Auf einer alten Inschrift [2]) liest man: *et nostri voltus derigis infcrieis*, wo man *nostris* erwartet, unter Alexander Severus *fascibus annus is nostri datus est* [3]), wodurch man auf die Vermuthung gebracht wird verderbte Verse bei Plautus wie *trinumm*. 601 *postquam exturbavit hic nos ex nostris aedibus* [4]) durch Herstellung von *nostri* zu heilen (vergl. Pseud. 4 u. Gellius 20, 6, 10).

Da *nostri* und *vostri* Singulare sind, so muss wo der Mehrheitsbegriff heraustreten soll, beim Zusatz eines andern Plurals und bei Theilung der im Pronomen zusammengefassten Personen, der Plural desselben Adjectivs angewendet werden, *duo duum nostrum patres* [5]) und *aliquis vostrum*, nach des Schriftstellers Belieben auch *contentione nostrum* und *maiores vostrum* bei Cicero und Sallust [6]).

Das sechste Jahrhundert bedient sich dabei der kürzeren oder längeren Genetive, *nostrorum nemo dignus est* und *maxima pars vostrorum* [7]), im letzteren Fall natürlich wo blos weibliche Personen in Betracht kommen *neutram vostrarum* [8]); die classische Periode, welche durchweg Klarheit der Rede durch verschiedene Fixierung der einen und der andern Form fördert, nur der kürzeren.

1) *Corp. inscr. lat.* 1. n° 32.
2) *Corp. inscr. lat.* 1. n° 1220.
3) Orelli 5758a.
4) Ritschl lässt *ex aus* — und nennt die Vermuthung *parum credibilis*.
5) Naevius b. Charisius p. 127, 6 (Keil).
6) Gellius 20, 6.
7) Plaut. *Poenul.* 4, 2, 40. *Mostell.* 280.
8) Plaut. *Stich.* 141.

Genetiv Plurals der nicht persönlichen Fürwörter.

223. Die Mehrzahl der geschlechtigen Pronomina bildet den Genetiv Pluralis auf *orum* für das Masculinum und *arum* für das Femininum. Nach Festus sagten die Alten *eum* für *eorum*, und dieser Genetiv wird in der alten Formel *eum h(acc) l(ege) n(ihilum) r(ogato)*, wo sonst der Singularis *eius* steht, noch in der *lex Iulia municipalis*[1]) gefunden, sonst ausschliesslich Masc. Neutr. *eorum*, Fem. *earum*; bei den Dramatikern zweisilbig, wie *eorundem* bei Ennius[2]) dreisilbig; ebenso *horunc alterum*[3]), *harunc Baccharum, harunce aedium*[4]), *harunce rerum*[5]); *istorum illarum, quorum quarum* immer ohne Suffix.

224. Charisius p. 162, 2 und 7 giebt einen Genetiv *cuium* für Masculinum und Neutrum an und zwar als regulären Genetiv zum Indefinitum Nom. Plur. *ques*; dies *quoium* entspricht einerseits dem Gen.-Sing. *quoius* wie Plur. *hominum* dem Sing. *hominus*, und fällt andrerseits zusammen mit dem Plur. Gen. des Pronominaladjectivs *quoius* wie *nostrum*. Plautus sagt[6]): *neque umquam quisquamst, quoius ille ager fuit, quin péssume ei res vorterit; quoium fuit, alii éxulatum abierunt, alii emortui*, wo man ohne Künstelei nur den Gen. Plur. verstehen kann. In der *lex agraria* Zeile 9 *neive quis facito quo quoius eum agrum esse oportet, eum agrum habeat*, und Zeile 10 *neive quis ferto quo quis eorum, quoium eum agrum esse oportet, eum agrum habeat*, muss wohl wie bei Plautus erklärt werden, obgleich in der sonst verstümmelten Stelle Zeile 8 *quoium* auf *eum* folgt und in der *lex repetundarum* Zeile 5 geschrieben ist: *quoius nomen delatum erit aut quoium nomen ex reis exemptum erit, seiquis eius nomen* etc. Charisius hat insofern Recht, als der Genetiv verallgemeinernde Kraft zeigt, wie einst *eum quis volet magistratus multare liceto* gegenüber dem in unsern Gesetzen dafür angenommenen *quei volet*.

Ablativ des Singularis.

225. Bei der Bildung dieses Casus, der im Latein das Woher und Wohin, Womit und Wodurch ausdrückt — (*Roma* von Rom, *isto* dahin, *curru* mit dem Wagen, *vi* durch Gewalt) — und über-

1) *Corp. inscr. lat.* 1. p. 121, n° 206 Z. 52 u. Z. 79, 81, 82.
2) Ennius ann. 206: *eorundem libertati me parcere certum est.*
3) *Corp. inscr. lat.* 1. n° 1007.
4) Plaut. *mil. glor.* 1016. *Stich.* 450.
5) Cato, *de re rustica* 139.
6) Plaut. *trin.* 533.

haupt so viele nüancirte Verhältnisse, dass man ihn den parataktischen Casus κατ' ἐξοχήν nennen möchte, der nicht die Unterordnung des betreffenden Nomen unter ein Verbum oder ein anderes· Nomen, sondern blos die allgemeine Abhängigkeit desselben im Satzgefüge darstellt, war das charakteristische Element der Laut
. *t*, so wie bei der Genetivbildung das *s*-Zeichen.

226. Im Italischen, welches sich durch Bewahrung des Ablativs vor dem Griechischen auszeichnet, ward *t* zu *d* erweicht: oskisch *egmad sakaraklúd slaagid*, lateinisch praidad pucnandod *coventionid* [1]). Während das Oskische dies ablativische *d* stets erhalten, hat das uns bekannte Umbrische es bereits gänzlich verloren, *tuta* gleich oskisch *toutad*, *puplu* gleich lat. *poplod koesture*.

·· 227. Im Latein verliert sich der schwach anslautende Consonant seit dem sechsten Jahrhundert, den Anfängen der Litteratur.

228. *Das d der ältesten Inschriften.* Die Duellinssäule vom Jahr 494, wie sie Quintilian auf dem Forum sah, und das auf uns gekommene Fragment, gibt keinen Ablativ ohne *d*, ja ebenso noch der Erlass über die Bacchanalien vom Jahr 568 bis auf die am Schluss mit anderer Schrift nachgetragene Ortsangabe in *agro* Teurano[2]). Dagegen giebt das Decret des Aemilius Paulus aus dem Jahr 565 *in turri Lascutana* und *ea tempestate* ohne *d*[3]). Eine zu Anfang des sechsten Jahrhunderts verfasste Scipionengrabschrift[4]) bietet *Gnaivod patre prognatus*, eine andere etwa gleichzeitige[5]) *quaistores aire moltaticod dederont*, wodurch die Vermuthung nahe gelegt wird, dass der Schwund des *d* von den consonantischen Stämmen und solchen Verbindungen mehrerer Ablative ausgieng. Auf den Urkunden des siebenten Jahrhunderts ist *d* bis auf ein paar Beispiele erstarrter Ablative verschwunden; wenn in den Fasten von Amiternum nach dem Jahr 769 *cod die* zum 2. August geschrieben ist neben *co die*, bei Boissieu *inscr. de Lyon* p. 477 *prod* für *pro*, so sind das mehr Schreibfehler als versprengte Archaismen[6]). Die Form *prode*, welche in der *Vulgata* nicht selten vorkommt[7]), in Zusammensetzungen wie *prode est* für *prodest* und *prodefacere*

---

1) *Corp. inscr. lat.* 1. n° 63; 64, 195 (p. 38), 196 Z. 23 (p. 43).
2) *Corp. inscr. lat.* 1. n° 195 p. 38 — 1. n° 196 p. 43.
3) *Corp. inscr. lat.* 2. n° 5011, p. 699.
4) *Corp. inscr. lat.* 1. n° 30.
5) *Corp. inscr. lat.* n° 181.
6) Man liest besser statt *prod illius Prodillius* (*nom. propr.*).
7) Rönsch, *Itala u. Vulgata* p. 468.

für *proficere* geht gewiss nicht eigentlich aus dem alten Ablativ
hervor, sondern ist eher eine Neuerung für *prodest*, welche durch
die Schreibung *dest* für *deest* begünstigt wurde.

229. *Inconsequenz der Sprache.* Man mag immerhin behaupten,
dass der Amtsstil sich durchweg länger im hergebrachten Geleise
fortbewege, Dichter aber und Schriftsteller im einzelnen der Sprache
ihrer Zeit vorauseilen. Dies Facit bleibt, dass im sechsten Jahrhundert die Bildung des Ablativ mit *d* neben der jüngeren her-
gieng, und wenn Nävius Ennius Plautus nicht absonderlichen Grillen
nachjagten, so müssen auch sie die ihren Zeitgenossen geläufige
Form um so mehr angewandt haben, als die Auswahl unter mehr
Endungen das oft gewaltsame Streben nach rhythmischer Gestaltung erleichterte und als sonst Dichter wenigstens die eine oder
andere Stelle durch alterthümliches Colorit zu heben suchen.

230. Der Abstand ist wahrlich gross genug zwischen der
Gesetzessprache und der Litteratur, wenn, was im *Sen. cons. de
Bacchan.* Regel, bei dem zwei Jahre darauf gestorbenen Dichter
nur noch Ausnahme ist, wenn dieser für gewöhnlich schon Elisi-
onen der Ablativendung gestattet: *mágis quam scorto aut sáviis* und
gar im letzten Fuss *absénte te*[1]): im übrigen aber muss man sich
gewöhnen (wie überhaupt die Plautuskritik sich künftig hüten wird,
in sprachlichen Dingen durchgehende Gleichförmigkeit zu erzwingen),
für plautinische Verse den Ablativ *ingratod homine* neben *ingrato* vorauszusetzen, und den bei Ablativen so häufigen Hiatus nicht erklären als hätte der plautinische Senar einen andern Bau als der
terenzische, sondern daraus, dass in jenen Versen die alte, eine
Generation später erloschene Sprachform nachwirkt[2]).

231. *Wegfall des d in den Handschriften.* Unser Plautustext
giebt jenes *d* ebenso wenig wie der ·aristarchische des Homer das
Digamma, und kein besonnener Forscher wird z. B. in *adaequet*
(*mostell.* 30) eine Form *adaequed* anerkennen; ebenso bieten unsere
Handschriften, wenn man die Composita *antideo* neben *anteo —
antidhac* und *postidea* neben *antehac* und *postea* ausser Acht lässt,
das *d* lediglich im Ablativ der persönlichen Pronomina: denn in
derjenigen Periode, auf welche die allererste Redaction des Plautus
zurückgeht, war zwar noch *sed* lebendig[3]) und gewiss ebenso *ex
med, abs ted*, aber *senatud poplicod legid* längst begraben.

---

1) Plaut. *mostell.* 1139.
2) Cf. F. Bücheler im *litter. Centralblatt* 1865 p. 1450, wo ein ähnlicher
Fall in Vergleichung mit den homerischen Gedichten besprochen wird.
3) *Corp. inscr. lat.* 1. n° 197 Z. 21 p. 45 (*lex Bantina* 630 u. c.).

232. Ein Horaz konnte über die plautinischen *numeri* kein Urteil haben, weil die dabei vorausgesetzten sprachlichen Thatsachen dem Bewusstsein seiner Zeit völlig entschwunden, der Mehrheit nicht einmal bekannt waren.

233. *Beispiele von d bei Autoren.* Bei Nävius und Ennius sind wenige Spuren der *d*-Form in der Ueberlieferung durch Grammatiker erhalten, *noctú Troiád exibant* [1]) für *Troiade; álted élata petrisque ingentibus tecta* [2]) statt *alte delata,* bei Festus *quodcum* gleich *quocum* [3]). Letzteres Beispiel wo kein metrisches Bedürfniss vorliegt, müsste rundweg für ein Versehen der Abschreiber erklärt werden, wenn man nicht noch fünfzig Jahre später im Repetundengesetze läse: Z. 13 *quei condemnatus siet quod circa eum insenatum legei non liceat* [4]), oder meint jemand im Ernste dass dies ein anderer Casus sei als in der *lex Iulia municipalis* Z. 118 *quei condemnatus est quo circa eum in Italia esse non liceat?* [5]).

234. *Plautusstellen.* Von plautinischen Stellen die hierher gehören seien einige angeführt, deren Zahl leicht vermehrt werden kann: *trin.* 540: *suís moriuntur anginá acerrume* gleich *anginad* [6]); *mil. glor.* 4: *praestringat oculorum aciem in ácie hóstibus; Bacchid.* 428: *íbi cursu luctándo hásta;* ibid. 941: *hoc in equo ínsunt milites; Menaechm.* 91: *suo arbitrátu ád fatim;* ibid. 503: *cum coróna ébrius;* ibid. 903: *víta évolvam sua; Stich.* 216: *sum famé emórtuos* statt *famed,* welche Schreibung wenigstens in der Arsis echtplautinisch ist; *mostell.* 152 in Kretikern *disco hástis pila cúrsu ármis equo* wo das einstige *d inter duas vocales velut nota est ne ipsae coeant* [7]), nicht minder *trinumm.* 726: *dormibo plácide in tabernaculo.*

235. Der Hiatus wird so zu einem bedeutsamen Fingerzeig, *atque húc ut addas auri póndo únciam* [8]) oder *plus triginta ánnis natus ego sum* [9]), denn es ist wohl nicht zu bezweifeln, dass diese Zahlen *séptuaginta* u. s. w. *duodequadragintá,* wie die Länge noch unter Augustus betont ward, ablativische Composita sind.

236. Terenz hat keine *d*-Formen mehr, blos *antehac* zweisilbig, und obwohl *prodambulare* von ihm so gut wie *prodesse* und

---

1) Naevius, *Bellum Poenicum* v. 8. (Servius *ad Aen.* 3, 10).
2) Ennius, *Annales* 366 (Festus *s. v. petrarum* p. 206 Müller).
3) Ennius, *Ann.* 239 (Gell. 12, 4).
4) *Corp. inscr. lat.* 1. n° 198 (p. 58).
5) *Corp. inscr. lat.* 1. n° 206 (p. 122).
6) In der 2. Ausgabe liest Ritschl in der That *anginad.*
7) Quintil. 9, 4, 40.
8) Plaut. *Menaechm.* 526.
9) ibid. 445.

prodire geschrieben werden konnte, so mag man doch *adelph.* 766 *proleümbulare huc lubitumst* ertragen, wenn die Textesquellen mit Donat übereinstimmen.

Ablativ. Singularis der *a* - *e* - *o* - *u* - Stämme.

Die vocalischen Stämme bilden den Ablativ, indem sie an den gedehnten Vocal *d* anhängen. 237. *Die a-Stämme.* So haben die *a*-Stämme ihren Ablativ auf *ad: de praidad, sententiad* (Hübners *Index* p. 603); im *Senatus cons. de Bacchan. extrad urbem* und *suprad scriptum est,* zu einem Beutestück des Marcellus, Consuls im Jahre 543 *M. Claudius consol Hinnad cepit,* aber zu einem des Fulvius Nobilior, Consuls im Jahre 565 *M. Fulvius cos. Aetolia cepit,* wonach der Wechsel mitten in die Blütezeit des Plautus. fällt, seitdem ohne *d catena eximia infra Acnea,* darnach archaisch und provinziell auch *cum schema* und *scholam cum actoma* (Orelli 6919); mit kurzem *a* erst bei Verfall aller Prosodie, in *tota venerabilis ûnctă popina,* welche Phrase der Versifex *de Amphitryone* 217 und mehrmals aus Horaz nahm; eine Inschrift aus kaiserlicher Zeit giebt *vicĭ quidem dominē victor cum palmă relatus* [1]). 238. *Die Stämme auf o.* Bei den *o*-Stämmen wird der Ablativ auf *od* gebildet: *Benerentod, in altod, in preivatod, meritod;* auf der Bronze von Bologna[2]) *Iunon]e Loucinai ... astud facitud,* wie Mommsen meint, *die nefasto facito* imperativisch, wie Ritschl, *castu* oder *casto facto* im Particip, wahrscheinlich die Endung *ud* neben *od* wie im Oskischen *tanginud* und *aragetud* neben *tanginúd* und *Búraianúd*[3]); so erklärt sich die Präposition *apud* von der Wurzel *ap,* wofür Festus (Paul. Diaconus) *apor* giebt, Scaligers Glossar aber *apo παρά.* Nach Schwund des *d Gnaeō occultō* u. s. w.; die Volkssprache des sechsten Jahrhunderts war auf dem Wege die Länge des Auslauts zu zerstören: Plautus hat anapästisch *virŏ suó caruit*[4]), ebenso *bonŏ* und *malŏ*[5]), Terenz *dŏmŏ me eripuit*[6]), Plautus und Terenz *citō* neben dem üblichen *citŏ, quŏ modŏ*[7]), was

---

1) Mommsen, *Inscr. regn. Neap.* 7143.
2) *Corp. inscr. lat.* 1. n° 813.
3) Im Oskischen stellt das Zeichen *V ú* den Laut *o* dar.
4) Plaut. *Stich.* 2.
5) Plaut. *Persa* 645. *Bacch.* 546.
6) Terent. *adelph.* 198.
7) Plaut. *merc.* 331. Auic *pérsuadere quó modo nunc pótis siem.*

zu *quŏ modŏ* abgeschliffen ward; Plautus *ĭdcŏn adsimulem an serio* [1]), wie *eiden* und anderes; bei den Nomina restituierte die Kunstdichtung den langen Vocal.

239. *Die e-Stämme.* Bei den wenig zahlreichen e-Stämmen ist kein Beispiel der *d*-Form erhalten, wir kennen nur *perniciē avaritie*, in derselben Weise *fame tabe labe sorde* [2]); für *specie* schreibt B *trinumm.* 840 *specia* nach der *a*-Declination, wie *sua inmunditia* und *munditia Stich.* 747 und früher genanntes; trochäisch ist der Vers *Persa* 243 *fidĕ data* mit Verkürzung des vielgebrauchten Wortes, wie auch *mil. glor.* 1369 *fidĕ nulla.*

240. *Adverbialablative auf e.* Im *Senat. cons. de Bacchanal.* finden wir *facilumed*, dies lehrt uns dass *certe* wie *certo* und alle Adverbia auf *e* von den Adjectiven auf *us a um* ablativischen Ursprungs sind, indem die Sprache wie durch *pulcrad* und *pulcrod* die Genera des Nomen, so durch *pulcred* die adverbiale von den Nominalformen sonderte. Ablativisch ist auch das oskische Adverb *amprufid*, ob von einem *a*-Stamm wie lateinisch *improbed* umbrisch *prufe*, oder vielmehr von einem *i*-Stamm, steht dahin. Auch die Adverbialendung wird gekürzt, theils durch häufigen Gebrauch wie *malĕ benĕ*, zum Theil unter metrischem Einfluss wie *prosperĕ* und *maxumĕ* in Anapästen bei Plautus [3]), *supernĕ* bei Lucrez und Horaz [4]).

241. *Stämme auf u.* Nach der *u*-Declination ist *magistratud* gebildet, wofür im *Sen. cons. de Bacchanalibus* vom Graveur *magistratuo* wie bei Plautus *Menaechmi* 492 *mĕo absenti* und *merc.* 197 *mĕo iam* für *med* verschrieben ist. Dann *ū* in *a pecu, in statu, hac noctu, sub diu* zum Zeichen des langen Vocals *pequlatuu* [5]); mit verkürzter Endung im alten Vers *quŏd manŭ nequeunt*, Naevius *etiám qui res magnas manŭ saépe gessit gloriose.* Plautus im *mil. glor.* 126 sagt *ex hac domu* statt *domo*, welche Form sich auch sonst findet, so in einer feinen Inschrift aus Sullas Zeit [6]), bei Verrius zum 28. April, in drei Inschriften bei Fabretti [7]). Varro sogar giebt *humu*, wo doch sonst die *o*-Formen häufiger waren.

---

1) Plaut. *Bacch.* 76.
2) Lucret. 1, 806; 5, 930; 6, 1271.
3) Plaut. *Pseud.* 574: pro Iüppiter, út mihi quidquid ago lepide ómnia prospereque éveniunt. *Mil. glor.* 1024: age age, út tíbi máxume cóncinnumst — nullúmst hoc stolidius saxum.
4) Lucr. 6, 597; Horat. *Od.* 2. 20, 10.
5) *Corp. inscr. lat.* 1. n° 202, 1. Z. 5 p. 108 (*Lex de XX quaestoribus*).
6) *Corp. inscr. lat.* 1. n° 1009 Z. 21.
7) Fabretti 135, 101. 146, 178. 210, 526.

242. *Supina auf u.* Ständig wechseln *o* und *u* bei den Verbalsubstantiven, *pagei scitu*[1]) neben *plebei scito, sortitu* und *sortito, tortu* und *torto, opus est factu* und *facto, inconsultu* und *inconsulto*; die Bildung solcher Verbalien in diesem Casus hat die Sprache sehr geliebt, in *nutricatu, meo datu* und *adlegatu, tuo arcessitu, ex eo compressu, natu grandior*[2]) (aber nic so unsinnig *animus natu gravior ignoscentior* Ter. *hautont.* 645, was zunächst aus *natura, o vir*, verderbt ist), daher viele ausser dem Ablativ nicht vorkommen, wie die negativen *iniussu meo*; alle sogenannten Supina sind Accusative und Ablative, letztere mit Dativen verwirrt.

243. *Fructo spirito.* Wo das classische Latein *u* fixiert hatte, schreiben doch Provinzialen *o*, in *fructo* in den *berliner Monatsberichten* 1857 p. 521, *spirito* bei Boissieu p. 308.

Ablativ Singularis der consonantischen und i-Stämme.

244. *Die i-Stämme.* Für die *i*-Stämme dürfen wir als alte Ablative *aved* und *arid* mit gedehntem Vocal voraussetzen. Der Verfasser der Duelliusinschrift, welcher *navaled* wie *dictatored*, aber zweimal *marid* und zwar mit verlängertem *i* schrieb, hat wohl zu seiner Zeit übliche Formen mit einem *d* versehen (daher auch *praedad*, wofür die wirklich alten Furius-Inschriften *praidad* bieten)[3]). *antedeo* steht bei Plaut. *Bacch.* 1089, geläufiger war damals ohne Zweifel *antideo*.

245. Wird die einreissende Verkürzung der Endung durch die Composita *antidhac* und *postidea* auch nicht vollkommen erwiesen, so lassen doch andere Analogien und der gleichzeitige Gebrauch von *antĕ* mit steter Kürze und *poste post* kaum Bedenken übrig[4]). Es versteht sich, dass die Kürze keineswegs bei allen Wörtern und bei demselben Wort nicht ausschliesslich durchdrang; wie *avi* dem *avid*, so entspricht *avĕ*, das schon im sechsten Jahr-

---

1) *Corp. inscr. lat.* 1. n° 573.

2) Plaut. *mil. glor.* 656: *pldne eductum in nutricatu Venerio.* Trin. 1140: *meó datu tibi ferre.* ib. 1142: *meo ádlegatu venit. Stichus* 327: *adue; tuo arcessitu huc venio.* Terent. *Adelph.* 476. Plaut. *Amphitr.* 109. Plaut. *Epidicus* 4, 1, 16: *compressu.*

3) *Corp. inscr. lat.* 1. p. 39 (Duell.) n° 63, 64 (Furius).

4) Die Form *poste* ist eines der Elemente des Compositums *posteac* statt *posthac*, wie man in einer amtlichen Inschrift aus dem Jahre 46 und auch sonst findet (*Corp. inscr. lat.* 5. n° 5050 und 4. n° 1637). Bei den Dramatikern ist *postea* wie *antea* immer dreisilbig, und nicht zweisilbig, wie man aus dem einsilbigen Gebrauch *ea* schliessen könnte; dies lässt sich nur dadurch erklären, dass man von einer Grundform *poste ea* ausgeht.

hundert gefunden wird, wohl älterem *arîd*; in dem Vers der Scipionengrabschrift: *facilé facteis superases gloriam maiorum*[1]) ist *facile* der lange Ablativ des *i*-Stammes; neben *proclivî* war auch *proclivi* im Gebrauch.

246. , *Consonantische Stämme.* Betrachten wir nun die consonantischen Grundformen, so zeigen diese in den echten Urkunden nur die Endung *id*, *airid* für wenig jüngeres *aire*, *coventionid*, [no]*minid*[2]), und es kann nicht für wahrscheinlich gelten, dass diese Endung aus einem besonderen, von Haus aus kurzen Suffix, ursprünglich *at*, entwickelt sei; vielmehr empfiehlt sich die Annahme, dass die consonantischen Stämme im Latein das Ablativsuffix der *i*-Flexion erborgt haben, so dass die Quantität auch hier nicht erst auf Ersatzdehnung nach Abfall des *d* zurückgeführt zu werden braucht. Jedenfalls kam, als der Vocal in den Auslaut trat, langes *e* und *i* auch consonantischen, kurzes *e* (denn auslautendes kurzes *i* widerstrebte dem Römer) auch *i*-Stämmen zu.

247. *Inschriften und Autoren in Bezug auf die Quantität.* Auf der Scipionengrabschrift *Corp. insc. lat.* 1. n° 30 lesen wir: *Gnaivód patré prognatus*, bei Naevius *bell. poen.* 3 *órdiné poniúntur*, bei Plautus nicht blos *mil. glor.* 707 *meá bona mea morté cognatis dicam, inter eos partiam, ei apud me erunt, me curabunt*, 720 *sin forté fuisset febris, Menaechm.* 478: *dé parté mea* (wo die Handschriften zwischen *parte* und *parti* schwanken, ein ziemlich gleichgiltiger Umstand, da die Entscheidung in der Länge oder Kürze des Vocals liegt, weshalb z. B. *mil. glor.* 262 der handschriftliche Ablativ *sermóni* kaum der Anführung werth ist); *Casina* 2, 7, 5: *sortí sum victus, trinummm.* 714 *sine dotei neque tu hinc abituru's* (vgl. 605); *captivi* 914: *tótum cum carni carnarium*, sondern ebenso auch *Stich.*71: *grátiam a patré si petimus, mostell.* 256: *múlieri memorarier; captivi* 807: *qui alunt furfuri sues; Bacch.* 628: *multa mala mi in pectoré nunc; Persa* 41: *nam tú aquam a pumicé nunc postulas*, um andere mehr zweifelhafte Stellen aus dem Spiel zu lassen, wie *mil. glor.* 699: *mé uxoré prohibent mihi quae huius similes sermones serat* oder ibid. 932: *a tua úxoré mihi datum esse eamque illum deperire*, an deren ersterer die Schreibung *med* möglich, an deren letzterer *a tuád uxore mihi datum esse* sogar wahrscheinlich ist. Auch Terenz hätte sich Betonungen wie *hecyra* 531: *témporé suo, adelph.* 346: *pro virginé dari, hautont.* 216: *ex suá lubidiné moderantur*

---

1) *Corp. inser. lat.* 1. n° 33.
2) *Corp. inser. lat.* 1. n° 61, 196 Z. 23 (p. 43); 193.

nicht erlaubt, wenn nicht noch damals die Länge der Endsilbe Spuren hinterlassen hätte.

248. Wir finden in der dactylischen Poesie ein Beispiel ähnlicher Art: Ennius schreibt *sub monté*[1]).

249. *Ablativ auf ei.* Die Schreibweise *ei* als Mittel zwischen langem *e* und *i* ist auf Inschriften selten[2]). Gegen 600 finden wir: *quei ninquam victus est virtutei*[3]) in der Scipionengrabschrift; *proxuma faenisicei* wie *proxuma aestate* und *ab fontei* neben *ab fonte*[4]) in der Genueser Tafel vom Jahr637; *partei* und *omnei*[5]) noch unter Cäsar, *annalei* bei Varro[6]); in den Handschriften der Autoren deuten vielleicht Corruptelen wie *innabellippam* auf *in narei lippam*. ·

250. *e oder i.* Wo *i* im Auslaut steht, bezeichnet es gewiss langen Vocal, während im Inlaute wie *ab eo heredive eius* oder *hereditati deditionive obvenit* in der *lex agraria* vielleicht nur euphonische Umgestaltung von *heredève* oder *deditionève* obwaltet, wie *benevolentia* und *benivolentia* gesprochen ward; in vulgären Hexametern freilich auch *tam simplicî vita*[7]). — Die *lex repet.* sowohl als die *lex agraria* wahren *sorti*, die erste hat *parti* neben *parte* (Zeile 51 u. 65), *de sanctioni* (Z. 56) neben *dicione contione* (Z. 1, 15)[8]); die *lex Iulia municipalis* hat *pro portioni* (Z. 39) und *corpori* (Z. 122)[9]); einzelne alte Inschriften *silici nomini marmori*[10]), wie nach der Republik noch *pietati*[11]). Bei Lucrez findet sich *parti* 1, 1111. 3, 611. 4, 515 und *morti* 6, 1232, wie *imbri*.

251. Sonst endigen seit dem Ende des sechsten Jahrhunderts die Substantiva, welche im Nom. Sing. consonantischen Stamm zeigen, regelmässig auf kurzes *e*, *lege urbe Opc potestate monte necessitudine consule honore corpore*. Nicht anders die meisten Nomina der *i*-Declination, *aede colle orbe mense veste*, ein paar schliessen *e* aus, *vi siti tussi*, wenige ziehen in der classischen Zeit *i* vor, *igni*

1) Ennius ann. 420.
2) Hübners *Index* p. 603. Corp. inscr. lat. 1. col. 4.
3) Corp. inscr. lat. 1. n° 34.
4) Corp. inscr. lat. n° 199 Z. 37, 42, 6, 12.
5) Corp. inscr. lat. n° 206 Z. 25, 27. n° 205, 2 Z. 28.
6) Charisius p. 120, 28. Keil.
7) Orelli 7386; äusserst incorrecto Versification: *si meritis possem dare munera tantum | quanta tibi debentur praemia laudis | aureus hic titulus et littera nominis auro | condecorata legi debet tam simplici vita.*
8) Corp. inscr. lat. 1. n° 198 p. 58—62.
9) Corp. inscr. lat. n° 206 (p. 120—122; cf. p. 125).
10) Corp. inscr. lat. 1.°n° 1161, 820, 1012.
11) Fabretti 5, 26.

griechische Wörter wie *basi* und Neutra wie *mari* und *vectigali*; doch ist *mare* sicher bei Varro vom Atax und bei Lucrez[1]); ebenso findet man *vectigale* und *natale* auf einer Inschrift[2]).

252. Ablative, wie *conclari* und *cum vecti*, wo die Arsis den langen Vocal garantiert, trifft man bei den alten Dramatikern nur ganz vereinzelt, schwerlich durch Zufall, da *próclivi pari leni triplici cápitali clémenti* zum Theil wiederholt sich finden. Bei Plautus[3]) findet sich *proletari sermone* für *proletario*, wofern es nicht richtiger als Genetiv zu *proletarius* gefasst wird. Plautus schreibt auch *millé cum número navium*[4]) gleich *milli*, ähnlich dem griechischen σὺν χιλίᾳ ἵππῳ, wie das Neutrum noch bei Lucilius[5]) declinirt ward, *milli nummum uno*.

.Beispiele in der Thesis wie *osse fini, civi femina, fusti pectito* und die der Prosa unterliegen keinem Einwand, entbehren aber auch der zureichenden Beweiskraft. Lucrez schwankt zwischen *finique locet se* und *fine patere*, a *fine profectum; classi* wie Vergil und *posti* wie Ovid schrieb, waren nicht mehr die gewöhnlichen Formen ihrer Zeit; ebenso *hac pelli* im trochaischen Vers[6]).

253. Die Regeln Cäsars und anderer Grammatiker, dass die weiblichen Nomina, welche den Accusativ auf *im*, und die ungeschlechtigen, welche den Nominativ auf *e al ar* haben, den Ablativ auf *i*, die welche im Nominativ und Genetiv Singularis übereinstimmen, den Ablativ auf *i* und *e* bilden sollten, wurden vom Sprachgebrauch vielfach durchbrochen; Inschriften um das Jahr 800 der Stadt schreiben a *turre*[7]), die Dichter wählen *puppe*, auch die Theorie musste *igne* anerkennen.

254. Bei den Adjectiven, an die sich die genannten Neutra eng anschliessen, bekam die *i*-Form den Vorzug, in *agro Genuati* im Jahre 637, *fatali igne* um das Jahr 700, Augustus im Jahre 767 *grandi consulari penetrali servili*, wie ausserdem nur *mari*, Claudius im Jahre 801 *inopi Tarquiniensi consulari provinciali decemvirali civili*, aber *difficiliore*. Lucrez hat *inopi memori diti hebeti ancipiti vementi consorti duplici sagaci*. Ausnahmen fehlen nicht,

---

1) Charis.˙p. 61, 9 Keil. Lucret. 1, 161: e *mare primum homines, e terra posset oriri | squamigerum genus.*
2) *Inscr. regn.* Neap. 4869.
3) Plaut. *mil. glor.* 752.
4) Plaut. *Bacch.* 928.
5) Lucilius 9, 65. L. Müller.
6) *Corp. inscr. lat.* 2. n° 2660.
7) Orelli 5514, 5417, 6419.

pernicē chorea Lucr. 2, 635 neben *saltú pernicē tollere corpus* 5, 559; bei Ovid *speciē caeleste resumpta*, in Prosa bei Cicero verbürgtermaassen *aliquo excellente ac nobile viro* [1]), eine Inschrift hat *nomine servile* [2]). Die *lex agraria* schreibt *vetere*, eine africanische Inschrift *domo sua veteri* [3]), die Militärdiplome haben regelmässig *ex gregale.*

255. *Comparative.* Bei den Comparativen ist *maiori* heutzu-. tage nicht nachzuweisen vor Lucan und den Dichtern, welche Priscian 7 § 69 nennt, denn die republicanischen Inschriften und das augusteische Zeitalter kennen lediglich *maiore priore;* aber dass *maiorid* auch zu *maiori* ward, ist an sich glaublich und wird von Plinius bestätigt [4]), der in den „Handschriften und sämmtlichen Fasten" *a Fulvio Nobiliori* las, wohl in Urkunden des sechsten und siebenten Jahrhunderts; auf spätteren Inschriften finden wir *ampliori titulo* [5]) und ähnliches.

256. *Participia.* Bei den Participialbildungen auf *nt* sind von Alters her *i* und *e* gebräuchlich: auf der genuesischen Tafel [6]) steht *in re praesente*, aber in der *lex agraria* [7]) *pequnia praesenti*, wie Plautus [8]) *praesenti pecunia* und Terenz [9]) *animó virili praesentique*, in juristischer Formel *pecunia praesenti* [10]), in der *lex Iulia municipalis* Z. 56 *ubi continenti habitabitur* nach Z. 20 *ubei continente habitabitur* [11]). Für Horaz hat Bentley zu *carm.* 1, 25, 17 [12]) die Untersuchung in gehöriger Weise geführt, wonach unter etwa 60 Beispielen nur einmal (*carm.* 2, 19, 5: *cuoe recenti mens trepidat metu) i* durch den Vers gefordert wird, in allen übrigen *e* entweder notwendig oder zulässig ist. Die letztere Form hatte sich beim Ablativus absolutus festgesetzt, und Verrius forderte sie schlechthin; Plinius macht subtile Distinctionen, *a prudente* (nemlich *ab homine*), aber *a prudenti consilio;* wie auch sonst ähnliche, *Iuvenale* aber *iuvenali in corpore*

1) Charisius p. 138, 13. Keil.
2) *Corp. inscr. lat.* 1. nº 1429.
3) *Corp. inscr. lat.* 1. nº 200 Z. 16, 17, 21 (p. 80). — Renier, *Inscr. de l'Algérie* 4070.
4) Charisius p. 138, 15 (Keil).
5) Maffei, *Museum Veronense* 147, 2.
6) *Corp. inscr. lat.* 1. nº 199 Z. 2 (p. 72).
7) *Corp. inscr. lat.* 1. nº 200 Z. 74 (p. 84).
8) Plaut. *Menaechm.* 1159.
9) Terent. *Phormio* 957.
10) *Corp. inscr. lat.* 2. nº 5042.
11) *Corp. inscr. lat.* 1. nº 206 (p. 120—121).
12) *Laeta quod pubes hedera virenti | gaudeat ....*

mit besonderer Klügelei *ab hoc forte oratore*, wenn man den Cicero dabei denkt, aber *ab hoc forti viro*, wenn es eine mehr generelle Bemerkung ist. Einfacher spricht Servius jenen Worten, wo sie als Adjectiva oder Participia stehen, *i* und *e* zu, *ardenti* und *ardente*, wo als Substantiva bloss *e*, wie *tridente*.

257. Die Vorschrift des Verrius[1]) lässt erkennen, dass der damalige Usus dergleichen Unterscheidungen noch nicht genehmigt hatte; die Fasten schreiben *in colle Quirinale* jedesmal und das Volk *lanius de colle Viminale*[2]); dass hier die Endung abgeschliffen ward und nicht ebenso in *veste triumphali*, hieng von der Gangbarkeit jener Wörter im Leben ab, nicht von der grammatischen Qualität.

258. *Die Schreibung ae.* Statt des kurzen *e* wird *ae* geschrieben schon im Jahre 130 n. Chr., *iniquitatae* im Beschluss eines Collegiums von Lanuvium[3]).

Ablativ Singularis der Personalpronomina. *Sed* und *sine.*

259. Beim persönlichen Pronomen finden wir den Ablativ *med, ted*; Plautus hat *med haud invita* und *abs ted auferat*[4]); dann *me* und *te* wie *se* aus *sed.* Die *seditio* ist in der Auffassung des Staates das Gegenstück der *comitia*; die Identität des pronominalen Ablativs mit der Präposition in *sēvoco, sēorsum* und der Partikel *sed set* kann nicht wohl bestritten werden, da der Stufengang dieser Entwickelung leicht erhellt, die Partikel gleicht unserm „allein"; *sed fraude* oder *frude sua* haben die *lex repetundarum* und die *lex agraria*, diese daneben *se dulo malo*, die *lex Rubria se sponsione*, Deutlichkeit der Sprache führte zur Anhängung des negativen *ne*, *scine sufragio* steht in der *lex repetundarum* neben der üblichen Verkürzung *sine malo peqalatu.*

Ablativ Singularis nicht persönlicher Pronomina.

260. Bei den geschlechtigen Pronomina wird der Ablativ nach Analogie der *a*- und *o*-Stämme gebildet. So haben *qui* und *quis* den Ablativ des Femininum *qua*, des Masculinum und Neutrum *quo*[5]). *hic* bildet im Femininum *hacc*, minder oft auf republicani-

---

1) Charisius p. 126, 9. Keil.
2) *Corp. inscr. lat.* 1. n° 1011.
3) Orelli 6086 col. 2.
4) Plaut. *Amphitr.* 663, *Asinaria* 772: *abs ted accipiat.*
5) Bergk, *Philologus* 14 p. 185 erklärt das *quod* der Redensarten *quod si. quod utinam* aus dem alten Ablativ *quod*, und Ritschl hält diese Ansicht

schen Inschriften *hac*, im Masculinum und Neutrum *hoc*, wofür nur einmal *ex hoce loco* steht [1]); ohne das Affix *ce* wird *hodie* aus *hoddie*, daher mit Länge der ersten Silbe wiederholt bei Plautus, z. B. *mostell.* 174 *donabo ego hódie áliqui* [2]), regelmässig verkürzt *hŏdie* wie *quŏmodo*, ebenso *ista, istacine causa*, und *isto, istocine pacto.*

Die adverbiale Function „hieher" ward von der nominalen unter den Kaisern gesondert durch den Umlaut zu *huc istuc illuc;* alt *hoc reniundum est tibi* und *hoc mansum veni*, noch in Claudius Rede *illoc potius revertar*, auch in Handschriften nicht immer verwischt, wie bei Plancus *exercitum hoc traiciendum cures* und bei Cicero.

261. *Is* bildet die Ablative *ea* (Femininum) und *eo* (Masculinum und Neutrum); im Senatusconsult *de Bacchan.* steht *quei arvorsum ead fecisent quam suprad scriptum est*, wie *antea praeterhac postilla quapropter* und andere mehr; *eadem* steht dreisilbig bei Plaut. *Bacch.* 60 [3]), zweisilbig ebenda 49 und mit volksthümlicher Licenz sogar bei augusteischen Dichtern.

Dativ des Singularis.

Auf diphthongisches *ai*, welches ursprünglich den Charakter des Dativs ausmacht, weist noch die Länge des *i* zurück, welches im Dativ der *a- e-* und *o-*Declination an den Stamm tritt, der Stammvocal wird davor gedehnt.

Dativ Singularis der *a*-Stämme.

263. *Dativ auf āī, a.* Nach dem Gesagten ist also der Dativ von *Roma Romai* in drei Längen zu einer Zeit, wo der Genetiv wohl durchgängig noch *Romas* war. *Terrái frugiferái* ist als Dativ ausdrücklich bezeugt bei Ennius *ann.* 479 [4]), auch *Menervai* und

---

für „absolut überzeug·nd" (*Neue Plautinische Excurse* p. 57); der letztere sieht auch einen Ablativ im *quid* von *nequidquam*. — Ueber den adverbialen archaistischen Ablativ *quid* s. § 316.

1) *Corp. inscr. lat.* 1. n° 1291.

2) Ritschl will *hŏdie* nicht gelten lassen, er zöge *hŏdied* oder *hocedie* vor (*Neue Plautinische Excurse* p. 91).

3) *tú prohibebis, ét eadem opera tuó sodali operám dabis;* 49: *eádem bibcris, eádem dedero tibi, ubi biberis, sávium.*

4) Charisius p. 19. Keil.

Loucinai auf Inschriften des fünften Jahrhunderts[1]) können viersilbig sein. Das *i* in *Római* verklingt wie im griechischen Θεᾶι und fällt endlich ganz ab in etwa 10 Beispielen gegen das sechste Jahrhundert hin[2]): *Feronia Sta. Tetio dede, matre Matuta dono dedro, Iunone Loucina Tuscolana sacra*[3]).

264. *Dativ auf einsilbiges ai.* Anderntheils ward *Romai* in zwei Silben zusammengedrängt und gieng so vom Genetiv und Locativ nicht mehr unterscheidbar in *Romae* über, wie oskisch *Fluusai* (lat. *Florae*). Diese Contraction muss im sechsten Jahrhundert vollkommen obgesiegt haben, weil Diärese ausser dem Enniusverse (s. o. § 263) nicht mehr begegnet, auch wo *ai* geschrieben ist, wie *et meai vitae*[4]). Die amtlichen Urkunden vom siebenten Jahrhundert ab bieten *ai* zwar noch im Genetiv das eine und das andere Mal, aber im Dativ nirgends; dazu passt, dass Nigidius um den Genetiv und Dativ graphisch zu scheiden, *huius terrai* und *huic terrae* aufstellte[5]). Einige freilich schrieben *ai* im Singular *cum in dativum vel genetivum casum incidissent*[6]), so in der Republik *Vergilius Rufus Vergiliai Hilarai* und *Dexsonia Clemio sibi et Philemai suae amantissumai*[7]), in den Fasten von Allifae vor dem Jahre 725 zum 30. Juli *Fortunai* im *elogium* 24 *curai sibi habuit*[8]), und da wieder andere *ai* überall wie im Griechischen setzten, Kaiser Claudius z. B. *Antoniai Augustai matri*[9]) und seine Freigelassenen *cullibertai suai Claudiai Genesini*, so gieng diese Schreibweise auch im Dativ nie ganz aus.

265. *Dativ auf e.* Wie alt die Contraction von *ai* ist, geht am besten daraus hervor, dass um dieselbe Zeit wo der Dativ auf *a* ausgieng, statt jenes Diphthonges bereits einfaches *e* angetroffen wird: *donu dat Diane, Victorie dono dedet*[10]), Inschriften aus dem Picenter- und Marsergebiet, also aus der Nähe des Umbrischen, das keinen andern Dativ mehr kennt als *tute Ikuvine;* doch treffen wir auch in Tusculum *Fourio de praidad Fortune dedet*[11]). Diese

1) *Corp. inscr. lat.* 1. n° 191 u. 813.
2) Hübners *Index* p. 603.
3) *Corp. inscr. lat.* 1. n° 169, 177, 1200.
4) Plaut. *Trinumm.* 822.
5) Gellius 13, 26.
6) Quintilian 1, 7, 18.
7) *Corp. inscr. lat.* 1. n° 1302 u. 1207.
8) *Corp. inscr. lat.* 1. p. 299 u. 285.
9) Orelli 650.
10) *Corp. inscr. lat.* 1. n° 168 u. 183.
11) *Corp. inscr. lat.* 1. n° 64.

Trübung von *ae* mag im Volksmund fortbestanden haben, ehe sie etwa gegen Ende der Republik wieder in der Schrift auftritt bei Plebejern, *I. Cornelius L. f. Sula sibi et Amande*[1]) (solche Namenbildung war aus sicheren Gründen erst viel später möglich als *Ampliata* und selbst *Dirutia*). In der Kaiserzeit nimmt die Schreibung *e* quantitativ durch die Zahl der Beispiele und qualitativ durch das Eindringen in die höheren Schichten zu; endlich erlangt sie selbst allgemeine Geltung durch die Aufnahme in officielle Documente: *Ulpie Severine Aug. coniugi Aureliani*[2]). Aber Dative wie *Nice Arche Agathé*[3]) schliessen sich an die griechische Form *Νίκη* an, das römische Volk zog Stammeserweiterung mit *n* vor.

266. Die Schwächung von *ae* zu *e* machte schliesslich Verse möglich wie *hoc pat(er) infelix posuit piĕ natĕ merenti*[4]).

267. *Dativ der Volkssprache für griechische Eigennamen.* Die Volkssprache bildete vielfach den Dativ griechischer Namen vocalischen Stammes, indem sie dieselben consonantisch flectierte, gewöhnlich durch Einschiebung eines *n*: *Apateni Callitycheni Agathaeni*[5]), wie *Helpini Zoini*[6]) für *Helpi Helpidi* oder *Chrysarioni* und *iuveni margaritioni* für *Chrysario*[7]); wo *n* schon vorhergieng und sonst bisweilen wurde *t* eingeschoben, *Hedoneti Cyriaceti*, ganz ausnahmsweise *Hedonéi* wie *Spei*, indem der Jargon lieber auch beim lateinischen Worte *Speni*[8]) bildete.

Dativ Singularis der e-Stämme.

268. *Dativ auf ēī ēī.* Der Dativ Singularis der *e*-Stämme endigte ursprünglich auf *ei*, z. B. *faciei* mit ionischer Messung ($\smile\smile--$), *plénus fidéi*[9]), während die classische Zeit ausser nach *i* Kürzung des Stammvocals eintreten liess, *fidĕi*, bei Plautus[10]): *póstquam ei réi operám damus* und in Baccheen *amórin me an réi*

---

1) *Corp. inscr. lat.* 1. n° 1432.

2) Orelli 5552.

3) *Corp. inscr. lat.* n° 1104. Orelli 4361: *sibi et Aristiae Arche*; Orelli (Henzen) 6263: *Siliciae Agathé contubernali*.

4) *Inscr. regn. Neapol.* 7017.

5) *Inscr. regn. Neapol.* 5416, 5314, 6921.

6) Gruter 729, 9.

7) Fabretti 44, 258.

8) Mommsen, *Inscr. regn. Neap.* 6813: *Aureliae Hedoneti.* Orelli (Henzen) 5137. *Mettiae T. L. Hedonéi.*

9) Ennius *ann.* 312. *Paulinus Petricordius* (L. Müller *metr. poet. lat.* p. 248).

10) Plaut. *trinumm.* 230.

opsequí potius pár sit, wo *amórine mc án rei* mit Elision dieses Wörtchens entschieden schlechter wäre.

Die vollen Formen wie *diei* erhielten sich und wurden seit Cäsar, vielleicht auch auf dessen Empfehlung hin, zur Regel gestempelt; Augustus im *mon. Ancyr.*[1]) schreibt Dat. *plebci*, Gen. *plebis*, die stete Länge des *i* wird öfter durch Verlängerung bezeichnet, *SpeI* in den Kalendarien neben *Spei*.

269. *Dativ auf e.* Im alten *fidēi* verklingt auch das *i* wie in ϥεγῆι und schwindet ganz gegen das sechste Jahrhundert hin, *Fide* (der Göttin)[2]), *mandatus est fide et fiduciae* Plaut. *trin.* 117 nach *B*, während die andern Handschriften *fidei* substituieren wie 128 und 142, *tuae re* und *ei re* ebd. 635 und 757, *huic ego dié nomen Trinummo facio* ebd. 843 (womit wenigstens die Tradition solcher Dative von Alters her bewiesen wird, denn Plautus liess den Sykophanten mit dem nöthigen Gestus sprechen *huice hodie*) Pseud. 126 *pubé praesenti*, was Festus als Ablativ verstand[3]) *tuae mandó fide* im Versschluss[4]), *facie* bei Lucilius, *commissa fide* bei Horaz[5]); ähnliches in Handschriften des Sallust und Livius. *Claudiae Spe* etrurische Inschrift[6]): *in casu dandi qui purissime locuti sunt, non facici sed facie dixerunt* sagt der Archaist Gellius[7]).

270. *Dativ auf einsilbiges ei.* Durch Contraction entstand zweisilbiges *fidei*, einsilbiges *rei*, so meist bei den Scenikern in Verbindung wie *ei rei operám dabo, ei rei óperam dare, ei rei fundus, ei rei árgumenta*[8]), wenn man nicht gegen die handschriftliche Ueberlieferung überall den Diphthong abändern will.

271. *Dativ auf i.* Aber es ist klar, dass aus diesem Mischlant die ferner bezeugte Endung des Dativs auf blosses *i* hervorgieng, *facii* lasen nach Gellius manche für *facie* bei Lucilius, und bei Plautus las Servius *Nocti aut Dii*, während die Handschriften den Ablativ *noctu aut die*[9]) darbieten, der Dativ *fami*[10]) kann demnach auch

---

1) Ed. Mommsen 3, 16 — 3, 7 — 3, 20.
2) *Corp. inscr. lat.* 1. n° 170.
3) Fest. p. 253. Plaut. *Pseud.* 125 — 7 ed. Ritschl: *dico ómnibus, | pubé praesenti in cóntione, omni poplo | ómnibus amicis nótisque edicó meis.*
4) Terent. *Andr.* 296.
5) Horat. *sat.* 1, 3, 95.
6) Gori, *inscr. in urbb. Etruriae exstantes* 1, 371, 122.
7) Gellius 9, 14, 21.
8) Plaut. *trinumm.* 522.
9) Plaut. *merc.* 13.
10) Plaut. *Stich.* 158.

hierher gezogen werden. Oskisch in der Weiheschrift von *Agnone*
steht Dativ *Kerrii* und *Kerri* vom *e*-Stamm, der im lateinischen
Ceres mit *s* vermehrt und weiblich begrenzt erscheint wie *dici*
und *die*.

Dativ Singularis der *o*-Stämme.

272. *Dativ auf oi.* Einst bildeten die *o*-Stämme den Dativ auf *oi*, *agro agroi*, welche Schreibung Marius Victorinus[1]
noch kennt, *ex libris antiquis foederum et legum, etiamsi ex frequenti
transcriptione aliquid mutarunt*; speciell erwähnt er *populoi Ro-
manoi*[2], und so konnte vielleicht noch Ennius einen Vers schliessen,
aber dass dieser *annal.* 129 *Mettoi Fufettoi* nicht schrieb, folgt aus
Quintilians Angabe, der *duos in uno nomine soloecismos* exemplifi-
cieren will, und aus dessen Handschriften, welche auf *Metti Fufetioco* weisen[3]; seltsam aber sind Victorins weitere Belege *non
solum ex libris veteribus sed etiam ex peritorum quorundam scriptio-
nibus ut cameloi, caproi*[4], im besten Falle Paradigmen eines un-
terrichteten Grammatikers, da diese Dativform abgestorben war,
als die Römer mit dem Kamel bekannt wurden.

273. *Dativ auf o.* Das *i* von *agroi* schwindet wie in ἀγρῶι;
indem das Latein *agrō* als einzige Form seit dem sechsten Jahrhundert anerkennt, verfolgte es hier den bei der *a*- und *e*-Decli-
nation nur vorübergehend und halb eingeschlagenen Weg mit Consequenz. Verkürzung des *o* bei Plautus, wenn auch in Anapästen:
virŏ mé malŏ mále nuptam[5]) setzt völligen Untergang des alten
Suffixes voraus.

274. *Dialecte.* Das Oskische vereinigte Stamm- und Casus-
vocal im Dativ *húrtúi* oder *Abellanúi* zum Diphthongen *oe*, der im
Umbrischen schon überall zu *e* und *i* gesunken ist; Dativ *kapre*
und *kapri*.

1) *Gramm. lat.* Putsch. 2458 = Keil 11, 14.
2) *Gramm. lat.* Putsch. 2163 = Keil 17, 20.
3) Quint. 1, 5, 13 ed. Halm: *nam duos in uno nomine faciebat barbarismos*
(nicht *soloecismos*) *Tinga Placentinus, si reprehendenti Hortensio credimus,
„precalam" pro „pergula" dicens, et inmutatione cum c pro g uteretur, et trans-
mutatione, cum r praeponeret e antecedenti. At in eiusdem vitii geminatione
Mettoeo Fufetioco dicens Ennius poetico iure defenditur.* S. übr. Ritschl, *Rheinisches Museum* 20 p. 600 ff.
4) *Victorin art. gramm.* lib. 1. 4. Putsch. p. 2169 = Keil tom. 6, p. 21, 5.
5) Plaut. *Menaechm.* 602.

Dativ Singularis der consonantischen und *i*-Stämme.

275. Consonantische und *i*-Stämme bilden den Dativ im
Italischen gleich, bei beiden ist im Latein Dativ- und Locativ-
Endung dieselbe. Es fragt sich daher, ob *matrē* (Grundform *matr*
consonantisch) ein echter Dativ ist mit dem Suffix *ai*, wie die
gleiche Form im Sanscrit, sodass bei den Grundformen auf *i* dieser Vocal im folgenden *e, i* aufgegangen, oder ob *avē* (Grundform
avi) locativischen Ursprungs ist, wie im Griechischen bei Homer
πόληι πτόλει πτόλι, sodass die consonantischen Stämme sich der
i-Flexion anschliessen [1]). Das Latein bildet diesen Dativ auf *e*
wie das Umbrische.

276. *Dativ auf e.* Die Endung *e* findet sich regelmässig zu
der Zeit, wo der Ablativ noch *d* hat, namentlich in den Dedica-
tionen des pisaurischen Hains, die schwerlich über das Ende des
fünften Jahrhunderts hinausgehen, *Iunone, Salute, matre*[2]); sonst
patre, Marte, Diove, Iove, Victore, Hercule[3]). Quintilian las auf alten
Werken und berühmten Tempeln Roms Inschriften wie *Diove*
Victore, non Diovi[4]), vermuthlich auf dem Quirinal, von dem uns
noch gleiche Weihinschriften erhalten sind[5]).

277. Für Plautus will natürlich handschriftliches *e* statt *i*
wenig bedeuten, z. B. *sérmoné*[6]); mehr Bedeutung dürften Varianten haben wie *bona — fruge merc.* 521 in *A* neben *bonam hercle*
te et frugi in den andern Handschriften, indem das echte *fruge*
auf den Gedanken des Ablativs und so zur Correctur in der einen
Recension führte. Inschriftlich findet sich *uxsor fruge bona pudica*
und *bona proba frugei*[7]) statt des gewöhnlichen *frugi* — bei Plautus *próbus est et frugi bonae*, aber auch schon *cúm frugi hominibus*[8]).

278. Die Dative auf *e* sind den frühesten Sprachdeukmälern
eigen. In den Gesetzen der Graechenzeit ist *quoi is ager vetere prove*
vetere possesore datus[9]) für Dativ *veteri* eine einzelne leicht erklär-
liche Ausnahme; *emptori] pro curatoreve eius heredive reddito*[10]) eine

---

1) Schleicher, *Compendium der vergleich. Grammatik* 2, 461 (3. Aufl.
p. 551, § 254).
2) *Corp. inscr. lat.* 1. nᵒ 172, 173, 1110, 1200; nᵒ 179, 177.
3) *Corp. inscr. lat.* 1. p. 603, col. 2—3 (Hübn. *Index*).
4) Quintil. 1, 4, 17.
5) *Corp. inscr. lat.* 1. nᵒ 639.
6) Plaut. *mil. glor.* 1020.
7) *Corp. inscr. lat.* 1. nᵒ 1072 u. 1256.
8) Plaut. *trinumm.* 321. 322.
9) *Corp. inscr. lat.* 1. nᵒ 200 Z. 17 p. 80 (*lex agr.*).
10) ibid. Z. 69.

syntactische und nicht formale Anomalie. Einige Titel und Wendungen des alten Curialstils bewahrten das *e*, *ubei ioure deicundo praesse solent*[1]), so noch bei Livius: *duae provinciae praetoriae iure Romae dicendo*[2]), bei demselben *solvendo aere alieno*[3]), unter Domitian auf der Bronze von Malaga *qui iure dicundo praesit*, der Name der Münzmeister bei Cicero[4]): *IIIviri auro aere argento*, nemlich *flando feriundo*. Die von der Urbanität verworfene Form ging darum im Volk noch nicht unter; dieses schreibt wie im siebenten Jahrhundert Dativ *Vrsio Pilemone* und *Iunio lictore* so über die Republik hinaus den Dativ gleich dem Ablativ, *coniuge*[5]) und anderes bei Struve[6]).

279. *Dativ auf ĕ.* Der grosse Haufen sicherlich, wahrscheinlich auch Cicero und Livius, wussten nichts mehr von verschiedener Quantität des Dativ *aerē* und Ablativ *aerĕ*; ein Pentameter lautet *casta pudica pudens coniugĕ cara suo*[7]). Dagegen war es eine falsche Vorstellung Scaligers und Burmans (zu Propert. p. 594) vom Lesepublicum der augusteischen Zeit, wenn sie diesem zumutheten, in Versen wie *limine formosos intulit illa pedes*[8]) oder *nec facies impar nobilitate fuit*[9]) Dative zu erkennen. -

280. *Dativ auf ei, ī.* Während der Ablativ im sechsten Jahrhundert schnell aus *patrid* durch *patrē* in *patrĕ* übergieng und auch bei vielen i-Stämmen den langen Vocal mit *ĕ* vertauschte, ohne dem diphthongisierenden *ei* irgend erheblichen Spielraum zu verstatten, fand im Dativ *ei* für *ē* sehr häufige und dauernde Anwendung. Daher die lateinischen Formen *patrei Diovei voluptatei*[10]), wie die oskischen Dative *paterei Diúvei Herentatei*. Schon auf einem Stein des pisaurischen Hains steht *Apolenei*, auf der zweiten Scipionengrabschrift zu Anfang des sechsten Jahrhunderts *forma virtutei parisuma*[11]); bei Plautus findet sich *ei* z. B. *Pers.*621 *Lucridei*, und öfters in handschriftlichen Corruptelen verborgen, z. B. *Bacch.* 1060), *ut solvam militei* in *militem*, auf den Inschriften besonders seit

1) *Corp. inscr. lat.* 1. n° 198 p. 60 Z. 31 *lex rep.*
2) Liv. 42, 28, 6.
3) Liv. 31, 13, 5.
4) Cic. *ad fam.* 7, 13, 2.
5) Fabretti, *Inscr. antt. explic.* p. 267, 113. *Corp. inscr. lat.* 1. n° 1060.
6) Struve: *über d. lat. Declination u. Conjugation* p. 29. Königsb. 1823.
7) *Inscr. regn. Neap.* 6057.
8) Propert. 1, 8, 11.
9) Ovid. *Fast.* 4, 306.
10) *Corp. inscr. lat.* 1. n° 807, 1435, 1008.
11) *Corp. inscr. lat.* 1. n° 167 u. 30.

den Gracchen *indicei leegei fraudei Marortei Felicitatei praeconei eaptionei uxorei maiorei operei Iorei Hercolei* oder *Herculei* [1]) vorwiegend vor Formen wie *heredi parieti praetori ceivi.*

281. Darauf kann Lucilius eingewirkt haben, dessen Vorschrift bei Quintilian [2]): *mendaci Furique, addes e cum dare furei iusseris* wohl so zu verstehen ist, dass *mendaci* Gen. Sing. von *mendacium, mendacei* Dat. Sing. zu *mendax* sein sollte; die Aenderung Lachmanns [3]), wonach umgekehrt einfaches *i* im Dativ dieser Worte befohlen wäre, erscheint im Hinblick auf die inschriftliche Praxis nach Lucilius wenig glaublich. Noch die *lex Iulia municipalis* schreibt *urbei heredei redemptorei* [4]), obgleich die Grammatiker der cäsarischen Zeit diese Endung in die Acht erklärt haben müssen. Seitdem.herrscht *i* allein, nur ein Plebejer konnte nach Properzens Tod *merentei* [5]) schreiben.

282. Interessant für die Beobachtung des Uebergangs sind die Formen *Diovei Victore* [6]) aus der zweiten Hälfte des sechsten und *Q. Caecilius leibertus Iunone Seispitei matri reginae* [7]) aus der zweiten Hälfte des siebenten Jahrhunderts. Sollte die Schreibung *Opil* in den *Fasti Vallenses* [8]) vor dem Jahr 767 zum 25. August das '*i pingue* ausdrücken?

283. *Verkürztes i.* Wie jedes auslautende *i* so ward auch das des Dativs vom Volk verkürzt, *inimica nemini vixit* [9]), *pellici* [10]), *nascenti.*

Datir Singularis der u-Stämme.

284. *Datir auf uei, ui.* Die *u*-Stämme folgen den consonantischen, das heisst nehmen das Casussuffix *ei* oder *i*. Im Senatusconsult *de Tiburtibus* aus der Zeit des Bundesgenossenkrieges finden wir *senatuei* [11]). Plautus braucht öfters im Versende *despicátui frustrátui*; z. B. *pérdam potius quam sinam me inpúne inrisum*

1) S. Hübner *Index* p. 603 col. 3.
2) Quintil. 1, 7, 15.
8) Lachmann zu *Lucre:* p. 245.
4) *Corp. inscr. lat.* 1. n° 206 Z. 61, 49, p. 121.
5) Gori 1, 420, 274.
6) *Corp. inscr. lat.* 1. n° 638.
7) *Corp. inscr. lat.* 1. n° 1110.
8) *Corp. inscr. lat.* 1. p. 320.
9) *Inscr. regn. Neap.* 3169.
10) *Inscr. regn. Neap.* 7017;
11) *Corp. inscr. lat.* 1. n° 201. Z. 12. cf. p. 556.

esse, habitum depeculátui, mei sic data esse verba praesenti palam [1]), obwohl die Handschriften *depeculatum eis sic* geben; wie auch *sumptum* oder *sumtu* [2]), wo das Metrum die uncontrahierte Form *sumptui* fordert. Varro und Nigidius billigten *senatui fluctui domui,* dem Genetiv *domuis* entsprechend [3]). Sallust schreibt *scelerum ostentui esse* und *signa ostentui credere,* unter Augustus das *elogium* 29 [4]) *exercitui,* mehrere Inschriften *domui,* z. B. eine lyoner [5]), und für den Locativ *peregri potius quam domui suae vita privatus* eine numidische [6]).

285. *Dativ auf u.* Neben dieser unter den Kaisern gewöhnlichen Bildung auf *ui* steht eine andere in classischer Zeit noch üblichere auf *u, senatū,* durch den gedehnten Stammesauslaut äusserlich den Dativen *Matuta Fide populo* ähnlich, aber durch Zusammenziehung der Vocale *ui* entstanden, wobei der dumpfere den helleren verschlang, wie umbrisch *trifo,* älter *trifu* (lat. *tribu*). Plautus schreibt in zwei aufeinanderfolgenden Versen [7]): *cho an paénitet te quanto hic fuerit usui? — nón est ussu quisquam amator nisi qui perpetuo datat;* Terenz: *vestitu, neglectu;* Lucilius: *anu, victu;* Lucrez: *visu, usu;* Sallust: *luxu, exercitu;* Vergil: *metu, concubitu, aspectu* [8]), worin Priscian (7 § 88 p. 363 Keil) Ablative, mithin lediglich poetische Licenz sah. Cäsar bot *dominatu, casu* dar und verordnete *de analogia* diese Endung, deren sich auch Augustus, Livius und Tacitus [9]) bedienten; noch auf späteren Inschriften findet sich *socru* [10]) und *consessu deorum* [11]).

286. *Neutra.* Ebenso hatten die Neutra die Endung *u:* z. B. *laevo cornu praerat* und *dextro cornu praepositus* bei Livius 42, 58 und zwar so regelmässig, dass die nachhadrianischen Grammatiker dieselben als Monoptota auf *u* im Singularis behandeln, doch Martianus bezeugt, dass *genui* und *cornui* von anderen gebildet werde.

---

1) Plaut. *Epidicus* 3, 4, 83.
2) Plaut. *mil. glor.* 740.
3) Gellius 4, 16.
4) *Corp. inscr. lat.* 1. p. 288.
5) Boissieu, *Inscr. de Lyon* p. 494.
6) Orelli 7389.
7) Plaut. *Pseudul.* 305 und 306.
8) Terent. *hautont.* 357. Lucilius (ap. Gell. et Non.) *quod sumptum atque epulas victu praeponis honesto; — anu noceo* (IV, 8. 9. Müller). Lucretius 5, 101; 3, 969; Sall. *Iugurth.* 6, 1. 39, 3; Vergil. *Aen.* 1, 257; *Georg.* 4, 198; *Aen.* 6, 465.
9) Gellius 4, 16, 5.
10) Gruter 895, 4.
11) Neigebaur (Dacien) 126, 11.

287. *Supinum auf u.* Dass im Supinum auf *u* Dativ und
Ablativ zusammengeflossen sind, zeigt schlagend Plaut. *Bacchides* 62:
istaec lepida sunt memoratui; seinem Ursprung nach wird *facile in-
tellectu* gewiss natürlicher auf den Dativ als auf den Ablativ zurückgeführt, aber die Alten verloren das lebendige Gefühl für die
dativische Bedeutung, da in der ausgebildeten Sprache die vollere
Dativform des Verbalsubstantivs höchst selten auftritt, *esui iucunda*
gegenüber *formidulosa essu* [1]), wie in manchen Constructionen jenes
Supinum der Casusbegriff überhaupt verwischt ist.
288. *Metaplasmen.* In der Phrase *tertia spolia Ianui Qui-
rino* [2]) haben wir einen Wechsel der *o-* und *u-*Declination, wie
ab Ianu [3]), von dem *u-*Stamme, der dem Monatsnamen *Ianuarius*
zu Grunde liegt, ebenso in *praestu*, welches Cassiodorius p. 2290 den
antiqui [4]) beilegt, wie auf einer Inschrift [5]) *qui sacris publicis praestu
sunt;* der Härte wegen ward *laurui* nicht gebraucht, aber *pinu*
und *pino.*

Dativ Singularis der Personalpronomina.

289. *Uncontrahierter Dativ.* Die Personalpronomina bilden
den Dativ Singularis *mihe tibe sibe; mihe* entspricht dem umbrischen
mehe, tibe dem umbrischen *tefe. Mihe* und *tibe* findet sich inschriftlich [6]), *sibe* bei vielen, auch bei Livius, wie Quintilian [7]) von
Pedianus lernte, der *e* gewis kürzte. Die ursprüngliche Länge erhellt aus der häufigen Schreibung *mihei tibei sibei* (ausnahmsweise
und rustik *seibi*) [8]); schon bei Plautus schwankt nicht blos die
Quantität, sondern wiegt die Verkürzung der Endung weit vor, sogar im Versschluss *tibi tui* [9]). Die Länge wird in der Schrift, auch
bei veränderter Quantität noch fortgeführt, *dé decuma Victor tibei
Lucius Mummius donum* nach dem Jahre 608 und *út sibei me esse
creatum lactentur* nach dem Jahr 615 [10]). Die Mittelzeitigkeit in
mihi, tibi, sibi ward durch die Kunstdichtung anerkannt.
290. *Andere vom Suffix bi gebildete Wörter.* Es ist hand-

---

1) Columella 11, 13 *in fin.* Plaut. *Pseudul.* 824.
2) Numa's *Gesetz* b. Festus p. 189 (Müller).
3) Orelli 6983.
4) Liv. 42, 68.
5) Orelli 6097.
6) *Corp. inscr. lat.* 1. n° 1019, 33.
7) Quint. 1, 7, 24.
8) *Corp. inscr. lat.* 1. n° 1223.
9) Plaut. *trin.* 012. *itan tandem hanc maiiores famam tradiderunt tibi tui.*
10) *Corp. inscr. lat.* 1. n° 542 u. 33.

greiflich, dass die Pronominaldative *mihc tibc*, denen im Sanskrit *máhjam* und *túbhjam*, dorisch *ἐμίν* und homerisch *τείν* entsprechen, und *sibe* von Grundformen *mi ti si* mit demselben Suffix gebildet sind, welches in *ube* [1] *ubei* (meist auf den alten Inschriften) [2], *ubi* (vgl. *si-cubi*, *ali-cubi*) und *ibi*, in *utrobique* und *aliubi* locativisch verwandt ward; desgleichen im Umbrischen *pufe* und *ife* wie *tefe*. Auch hier geht die Mittelzeitigkeit durch, *néc remorantur ibi* [3]), aber im Volksmund hiess es *ibĭ*, nur im Inlaut hielt sich die Länge des Suffixes, *ubĭque* ohne Ausnahme und *ibĭdem* seit Fixierung der Prosodie [4]).

291. *Contraction von* **mihi.** Der Dativ *mihei mihi* wird zusammengezogen in *mei mi*; von Plautus bis auf Cicero ist *mei* in Handschriften nicht selten; dass es einst noch öfter geschrieben war als heute, kann man aus Verschreibungen wie *mihi honoris* statt des Gen. *mei* in Plaut. *mil. glor.* 620 folgern; Nigidius trennte graphisch Gen. *mi* und Dativ *mei* [5]); *mi* steht bei älteren Dichtern aller Art [6]), in Horazens Satiren und im leichteren Stil wie in den Gesprächen bei Petronius, *mi et meis* inschriftlich [7]); Festus Notiz *me pro mihi dicebant antiqui, ut Ennius „si quid me fuerit humanitus" et Lucilius „quae res me impendet"* muss entweder syntaktisch verstanden werden, und solche Dummheiten sind im Geschmack des Nonius, oder wenn er eine aus *mihe* contrahierte Form meint, für schlecht bewiesen gelten. *michi* wie *nichil* findet sich unter andern schon in Inschriften des vierten und fünften Jahrhunderts nach Christi, z. B. in Maffei's *muscum Veronense* 312, 2.

292. *Contraction von* **tibi sibi.** Das Suffix *hi* oder *bi* hatte ursprünglich eine labiale Aspirata *bh*. Diese gieng bei der ersten Person in blosses *h* über, das keine Scheidewand zwischen zwei Vocalen bildet, bei der zweiten und dritten in *b*. Aber wer auf die Aussprache der letzteren Formen im sechsten Jahrhundert achtet, muss gestehen, dass das Latein einst auf dem besten Wege gewesen ist auch hier den dichteren Anlaut des Suffixes durch den blossen

---

1) *Inscr. regn. Neap.* 5607.
2) Hübner, *Index* zu *Corp. inscr. lat.* 1. p. 698.
3) Lucret. 2, 75.
4) Plaut. *trin.* 412: *ibĭdem una traho. Bacch.* 756: *atque ibĭdem ubi nunc sunt lecti.*
5) Gell. 13, 26.
6) Ritschl, *proleg. trinumm.* p. 291 und 347.
7) *Inscr. regn. Neap.* 6410 und zweimal im *bull. dell' inst. archeol.* 1862 p. 82.

Hauch zu ersetzen, italisches *tebhe* gewissermassen in *tihe ti*, dem
dorischen *τίν* gleich wie *mi* dem *ἐμίν*, zu verwandeln. Trotz der
Schreibung *tibi* und *sibi* werden die Wörtchen im Altlateinischen
ganz wie einsilbige behandelt: im Saturnier der Scipionengrabschrift 33 ist *quibus sei in longá licuiset tibe utiér vita* die einzig
richtige Cäsur und Messung, so dass *tibe* gerade wie *mihe* mit dem
folgenden Vocal zusammenfliesst; Plautus schreibt: *sátin ut quem
tu habeas fidélem tibi aut cui credas nescias* [1]); Terentius: *nüntió
tibi hic ádfuturam* [2]); allerdings geschieht dies bei den Scenikern meist
nur noch vor einem nicht von Natur, sondern durch Position gedehnten
Vocal: so bei Plautus: *si tibi est machaéra* [3]); *ignóscam tibi istuc.--
át tibi di faciant bene* [4]); *eám pudet me tibi in senecta* [5]); *ea sibi in-
mortális memoriast meminisse et sempiterna* [6]); *quíd tibi intérpellatio
aut* [7]); *tíbi ergo dícit* [8]); *si tibi ambo áccepti sumus* [9]); *dabúntur dotis tibi
inde sescenti logei* [10]); *sibi esse* [11]); *dicám tibi inpíngam; ést tibi argénti* [12]);
zum Theil vor Silben, deren Positionslosigkeit sonst unerweislich
ist; darnach kann man sogar das überlieferte plautinische: *quaé
mihi nunquam hoc dícat: eme, mi vír, lanam únde tibi pállium* [13]) in
Schutz nehmen, so gerne 'man der Holprigkeit abhülfe, nur nicht
wie Ritschl durch Tilgung von *mi*. Auch dass gerade vor der
Cäsur des trochäischen Tetrameters so häufig *tibi* angetroffen wird
und noch in einem varronischen Vers: *tu nón insanis quóm tibi
vino corpus corrumpis mero* an einer Stelle wo dieser Dichter einen
andern Pyrrhichius wohl nicht zugelassen hätte, erklärt sich aus
der hergebrachten Verschleifung des Pronomens.

Dativ Singularis der nicht persönlichen Pronomina.

293. *Locativ-Dative illi etc.* Die für alle Geschlechter gebrauchten Dative *illi isti ipsi*, ferner *alteri neutri uni toti* u. s. w.,
älter *alterei* [14]), wohl aus *alteroi*, sind ihrer Bildung nach Locative,

1) Plaut. Bacch. 491.
2) Terent. hautont. 176.
3) Plaut. Bacch. 887.
4) Plaut. mil. glor. 570; im Palimpsest *ti istuc* mit überschriebenem *bi*.
5) Plaut. mil. glor. 623.
6) Plaut. mil. glor. 888.
7) Plaut. trin. 709.
8) Plaut. merc. 971.
9) Plaut. Stich. 741.
10) Plaut. Pers. 394.
11) Terent. Andr. 878.
12) Terent. Phorm. 439, 557.
13) Plaut. mil. glor. 686.
14) Corp. inscr. lat. 1. n° 198 Z. 76 (p. 62).

8

wie *humi;* auch fungieren *illi* und *isti* als solche, indem beide Bedeutungen sich bisweilen sehr nahe berühren, wie *illi minus redit quam obscureris* [1] „auf dem Acker". *istic* und *illic* stehen als Dative Plaut. *mil. glor.* 1093 und *Menaechm.* 304, regelmässig locativisch. Lucilius verlangte im Dat. Sing. *illi,* im Nom. Plur. *illci.*

294. *Der Adverbialdativ aliubi.* Als Dativ wird *alii* vom adverbialischen *aliubi* abgesondert, dessen Grundform *alio* ist; ebenso das zweisilbige *ali* [2] und *alei* [3] von *alibi* (Grundform *ali*); desgleichen *utri neutri* von *utrobi neutrubi.*

295. *Die echte Dativbildung illo illae.* Die echte Dativbildung findet sich im Masc. *illo isto ipso* nicht vor Appulejus, aber *nullo usui* bei Cäsar, *toto orbi* bei Properz, *huic neutro* empfohlen von Priscian 6 § 4, *alio nemini* inschriftlich [4]): beim Femin.: *illae istae* bei Plautus und Cato, so dass handschriftliches *ille rei* [5]) nicht aus *illi* verschrieben sein muss, inschriftlich finden wir: *patronus emit sibi et illac et suis* [6]); *mihi et ille vius posui* [7]); bei Plautus *rei nulli aliae; mihi solae* [8]); bei Terenz *alterae* [9]); *unae totae nullae* laut Zeugniss der Grammatiker oder wiederholter Schreibung der Handschriften bei den besten Autoren.

296. *Dativ von qui quis.* Der Dativ *quoiei* des 'Relativpronomen findet sich in der Scipionengrabschrift 34 (um das Jahr 600) und je e i n mal in der *lex repetundarum* (631/2) und *lex agraria* (643) [10]); in denselben Gesetzen meist und sonst immer auf republicanischen Inschriften *quoi;* in der *lex agraria* jedesmal *quoieique,* in der *lex Iulia quoique;* Quintilian [11]) sagt: *nunc „cui" tribus litteris enotamus, in quo pueris nobis ad pinguem sanc sonum q et u et o et i utebantur tantum ut ab illo „qui" distingueretur.* Bereits bei den Scenikern des sechsten Jahrhunderts ist die vollere Form nahezu ganz ausgeschlossen: nahezu, denn jenen Inschriften gegenüber ist die von Ritschl *prolegomena trinumm.* p. 171 aufgestellte

1) Plaut. *trinumm.* 530.
2) Lucret. 6, 1227 (1224): *nam quod ali dederat.*
3) *Lex Iulia municipalis: Corp. inscr. lat.* 1. p. 122, Z. 98.
4) *Inscr. regn. Neap.* 4641.
5) Plaut. *Pseudulus* 783.
6) *Corp. inscr. lat.* 1. n° 1429.
7) Orelli 7383.
8) Plaut. *mil. glor.* 802, 356, 1019. Terent. *eun.* 1004.
9) Terent. *Phorm.* 928.
10) *Corp. inscr. lat.* 1. n° 198 Z. 10 und n° 200 Z. 68. (p. 68 und 83).
11) Quintilian 1, 7, 27.

Behauptung, *quo:* müsse bei Plautus überall einsilbig sein, ohne zwingenden Grund; und man ist wohl nicht berechtigt einen Senar wie *trinumm.* 558 *si quém reperire possit cuf os sublinat*[1]) abzuändern, es sei denn durch Umschreibung in die Form der Gracchenzeit *quoiei;* Einsilbigkeit bleibt seitdem Regel.

297. In *quoiei* ist ähnlich wie im Genetiv *quoius* der Stamm mit *i* vermehrt und daran das Dativsuffix der consonantischen Stämme angesetzt, *quoi* ist nach den Inschriften zu schliessen nicht älter als *quoiei*, und man dürfte kein Bedenken tragen es für eine Contraction von diesem anzusehen, zumal da der nachmalige Umlaut in *cui* auf consonantische Natur des *i* deutet, wenn nicht bei der Auflösung in zwei Silben, schon im Hendekasyllabus Seneca's *Troades* 852 (Neue, *Formenl.* II[a], 229), kurzes *i* einträte, *cuï*, jedenfalls gegen die Analogie von *bovï ovï pecuï*. Einstweilen ist daher *quoi* als eine selbstständige Bildung locativischen Ursprunges zu betrachten, der Dativ ward vom Locativ geschieden durch eine eigene Dativbildung *quoiei*, die sich bis zum siebenten Jahrhundert erhielt, durch die Umlautung des Locativs zu *quei* aber längst entbehrlich geworden war. Als Singularität anzumerken wäre der Dativ des Femininums *quai* in einer spanischen Inschrift: *quai Fate concesserunt vivere*[2]). (*Fate = Fatae = Parcae.*)

298. *Dativ von hic.* Die Erklärung von *quoi* gilt auch für *hoi: hoice leegei* im bantischen Gesetz[3]); die Form *huic* findet sich schon in Cäsars Zeit[4]), sicher früher als *cui*; ob Plautus noch eine vollere Casusform als *hoi* kennt, was Ritschl leugnet, ist deshalb schwer zu entscheiden, weil ihm für das Affix eine doppelte Form, *ce* und blos *c*, zu Gebote stand; also in dem Septenar *mihi discipulus tibi sodalis périit huic filius*[5]) nach allen Regeln der Kritik jetzt nur *hoice*, nicht etwa *hoieie* hergestellt werden darf. Auflösungen in zwei Silben finden sich bei Statius: *laétus huic dono* oder *falsus huic pennas*, plebejisch *quisquis huic tumulo*[6]), aber nirgends *huïc undas* (vor einem Vocal).

299. Das Affix fehlt auf vulgären Inschriften öfters, *hui monumento*[7]), *hui si quis manus intulerit*[8]), auch *uii titelo* für *hui* auf

1) Ritschl schreibt *quoii.*
2) *Corp. inscr. lat.* 2. n° 89.
3) *Corp. inscr. lat.* 1. n° 197 Z. 26 (p. 45).
4) *Corp. inscr. lat.* 1. n° 1194.
5) Plaut. *Bacch.* 484.
6) *Inscr. regn. Neap.* 166.
7) Gruter 890, 9.
8) Jahn, *specimen epigraphicum* 28, 29.

einer christlichen Inschrift; nach der Ueberlieferung schrieb Terenz.[1]): *hui quántam fenstram ad nequitiem patefeceris, tibi autem porro ut non sit suave vivere,* wo freilich gewöhnlich *hui* als Interjection an das Ende des vorigen Verses gestellt wird, obwohl der Gegensatz von *tibi* das Pronomen verlangt und wohl kein Dichter des sechsten Jahrhunderts anders als *fénestra* oder *fenstra* gesagt hat.

300. *Dativ von is: eiei und ei.* Der Dativ *ei* war allzeit üblich, schon in der *tabula Bantina*[2]), einsilbig bei den Scenikern und Catull, während die nachfolgende Kunstdichtung dies Pronomen vermeidet und den Dativ fast nirgends hat; Manilius hat *eidem*[3]) zweisilbig. Wie *quoiei* neben *quoi*, so findet sich *eiei* lediglich in der *lex repetundarum*, aber in dieser siebenmal neben zehn- oder elfmaligem *ei*. Auf diese erweiterte Form geht das spondeische *ei* zurück, bei den Dramatikern sicher in etwa 20 Beispielen und noch wiederholt aber nur im letzten Fuss bei Lucrez[4]). Durch Verkürzung der ersten Silbe ward daraus *eei*, im Senarschluss des Acrostichon zu Plaut. *mil. glor.* 11 *quándo ěei*, nach der handschriftlichen Corruptel *celi*. Die *lex Rubria* des Jahres 705 hat zweimal *iei*; das iambische *ei* wie bei Ovid *halieut.* 34 ist höchst selten nachzuweisen.

301. In der *lex Iulia municipalis*[5]) Zeile 53 — *quoius ante aedificium semita inloco erit, is eam semitam eo aedificio perpetuo lapidibus perpetueis integreis continentem constratam recte habeto* — wird wohl richtiger anomale Structur als ein Dativ *eo* angenommen. Das Femininum *eac* scheint bei Cato wenigstens die Gewähr mittelalteriger Ueberlieferung zu haben, beruht sonst auf Vermuthungen, die zu vermehren (z. B. Plaut. *mil. glor.* 1204 *donavique ěae*) nicht rathsam ist.

Locativ des Singularis.

302. *Gebrauch.* Dieser Casus, welcher das Wo bezeichnet, scheinbar auch das Wohin in der elliptischen Wendung *quamquam domi cupio opperiar*[6]), ward durch die Gleichförmigkeit mit andern Casus früh unkenntlich, so dass er dem Sprachgefühl der Alten ganz, und dem Gebrauch grösstentheils abhanden kam.

---

1) Terent. *hautont.* 481 f.
2) *Corp. inscr. lat.* 1. n° 197 Z. 3 u. 12 p. 45.
3) Lachmann zu *Lucrez* p. 152.
4) Ritschl, *Bonner Programm* Herbst 1841 p. 10 (opusc. II, p. 419 sq.)
5) *Corp. inscr. lat.* 1. n° 206. Z. 53. p. 121.
6) Plaut. *trin.* 841.

303. *Suffix.* Das Sanskrit braucht einfaches *i* für den Locativ, das Griechische scheidet Loc. οἴκοι vom Dativ οἴκῳ wie χαμαί von τιμῇ, das Oskische gleichfalls bei den *o*-Stämmen, Locativ *mūinikei terei* (lat. *in communi agro*) vom Dativ, der *mūinikúi terúi* lauten würde, während bei den *a*-Stämmen Loc. *viai mefiai* (*in via media*) und Dativ *deivai* (*deae*) zusammenfallen. Das Oskische hat diesen Casus bei den gedachten Sämmen ausgebildet, das Umbrische aber in allen Declinationen im Singular und Plural durch die Aufnahme eigener Suffixe *mem* und *fem*, z. B. bei den *o*-Stämmen Singularis *puplumem*, Pluralis *puplufem*. Das Latein steht dem Oskischen am nächsten.

Locativ Singularis der o-Stämme.

304. *Locative auf e, i.* Die älteste Form des Locativs der *o*-Stämme im Latein ist *humoi*, von jeher zweisilbig und so verschieden von dem dreisilbigen Dativ *humoi* mit gedehnten Vocalen; dieser Locativ sank zu *hume* wie im Nom. Pluralis *ploisumoi* zu *ploirume*, und weiter zu *humi*. Ueber den Wechsel von *e* und *i* in locativischen Verbindungen welche einen Zeitpunct angeben, spricht ausführlich Gellius 10, 24. Man sagte bis in die classische Periode *diequinte* und *diequinti*, Pomponius *diequarte*, Plautus, Cato, der Prätor in gewissen Formeln, ja Augustus *dieseptimi*, *noni*, *proxumi*, *crastini*, *pristini*, auch die adverbialen Composita *postridie*, *pridie*, *quotidie* gehören hierher, Plautus verbindet *mane sane septimi*[1]), worin *sane* als Locativ verstanden werden muss, wie man sonst ablativisch *mane multo* oder *integro* sagte. Auch *praefiscine* und *praefiscini* scheinen Locativendungen wie im Griechischen ἀμισθεί ἀμαχί.

305. *Locativ auf ei.* Den Mischlaut zwischen *e* und *i* bezeichnet *ei;* im Arvallied *semunis alternei advocapit conctos* kann man über die Geltung von *alternei* wie der Verbalform streiten, aber *Ladinei*[2]) auf einer Münze jener Zeit, wo der Genetiv blos mit *i* geschrieben ward, ist Locativ; Plautus hat *die septimei*[3]).

306. *io-Stämme.* Obgleich durch die Endung *i* Genetiv und Locativ gleich wurden, zeigt sich noch die Verschiedenheit beider im sechsten Jahrhundert bei den *io*-Stämmen; es ist gewiss nicht zufällig, dass die einzigen sicheren Ausnahmen von der Regel, dass der Genetiv jener Stämme zu *i* zusammengezogen wird, in der

---

1) Plaut. *Menaechm.* 1157.
2) *Corp. inscr. lat.* 1. n° 24.
3) Plaut. *Trran* 260.

Litteratur eigentliche Locative sind; bei Ennius: *Bründisii sargus bonus est*[1]), und bei Terenz: *rus Sûnii ecquod habeam*[2]), also Locativ *Sunici* Genetiv *Suni*. Unterstützt wird diese Annahme durch die lange Dauer des *e* in den obigen Locativen; wer hätte in Sulla's Zeit noch im Genetiv *quinte* gekannt?

307. Stets gebräuchlich blieb *domi* wie *humi*, die in den Handschriften wiederholte Vertauschung mit dem Dativ, z. B.: *esse domui suae*[3]) wurde schon früher (§ 284) mit einem inschriftlichen Beispiel belegt; mit abgestumpfter Endung finden wir *dómī dolos domī delenifica facta domī fallacias*[4]). Hierher gehören ferner die Wendungen *belli domique* und *domi focique*, und die Städtenamen wie *Tarenti Abydi Cypri*, die regelmässig so flectiert werden ohne Präposition, wenn auch die älteren Autoren *Ephesi* und *in Ephcso*[5]) ohne bemerklichen Unterschied wechseln liessen. Valerius Maximus construiert den Provinznamen *Aegypti*[6]) wie einen Städtenamen.

Locativ Singularis der *a*-Stämme.

308. *Städtenamen.* Die *a*-Stämme haben im Locativ *ai*: *Romai*[7]) zweisilbig, mithin vom dreisilbigen Dativ verschieden, bis dieser auch der Contraction unterworfen und ebenfalls in *Romae* umgelautet ward. — So die Städtenamen allzeit, *Aminulae, Corcyrae,* (Plaut. *loc. cit.*) bei Sallust *Romae Numidiaeque facinora ejus*[8]); auch bei Cicero: *Graeciae sicut aput nos delubra humanis consccrata simulacris*[9]) ist die locativische Bedeutung unleugbar; diese Form für das gewöhnliche *in Graecia* ist durch die Neigung zu alterthümlicher Färbung jener Schrift veranlasst.

309. *Appellativa.* Wir haben auch für Appellativa Beispiele des Locativs auf *ae*; Plautus schreibt *proximae viciniae habitat*[10]), wo die Schreibung *proxime* nach Charisius p. 223, 11

---

1) Ennius *hedyphagetica* 4.
2) Terent. *eunuchus* 519.
3) Cic. *de off.* 3 § 99.
4) Plaut. *mil. glor.* 194.
5) Plaut. *mil. glor.* 654: *póst, Ephesi sum ndtus, nocnum in Apulis, nocnum Aminulae.* ibid. 441: *quid tibi in Epheso hic ést negoti?* 778: *itaque omnis se ultró sectari in Épheso memorat mulieres.*
6) Val. Max. 4, 1, 15.
7) *Corp. inscr. lat.* 1. n° 54 *med Romai fecid.*
8) Sallust. *Iug.* 33.
9) Cic. *de re publ.* 3 § 14.
10) Plaut. *Bacch.* 205.

wol irrig ist; Cel·us verstand es richtig nicht als Genetiv, sondern *adverbialiter*, d. h. in unserer Terminologie als Locativ. Ebenso ist *vidisse hic proxumae viciniae*[1]) und *vidi virginem hic viciniae*[2]), weder *proxume* zu billigen noch die Annahme eines partitiven Genetivs notwendig, wie immer man über Terent. *Andr.* 70 urteilen möge[3]). Für den Locativ fungiert wie so oft der Ablativ: *foris concrepuit proxima vicinia*[4]). Terenz verbindet *militiae et domi*[5]), Cicero *domi militiaeque*.

Locativ Singularis der *o*- und *u*-Stämme.

310. *e-Stämme.* Man könnte versucht sein das oben (§ 304) erwähnte *die* aus einem Locativ *diei* herzuleiten, weil nach Gellius[6]) *diěquinte pro adverbio copulate dictum est secunda in eo syllaba correpta.* Aber da im Auslaut z. B. von *pridie* der Vocal lang, das lange *e* aber nicht aus dem monophthongischen *ei* des Locativs hervorgehen konnte, so liegt in jenem die Verwirrung mit andern Casus vor, wahrscheinlich mit dem Ablativ wie *hodie*.

311. *u-Stämme.* Die *u*-Stämme entbehren eines eigenen Locativs, *qua noctu* ist Ablativ.

Locativ Singularis der consonantischen und *i*-Stämme.

312. Wo die consonantischen und *i*-Stämme durch einen blossen Casus local bezeichnet werden, sehen wir ı und ě: *Tibure* bei Horaz[7]), aber älter und üblicher *Tiburi, Acherunti Carthagini Sicyoni Lacedaemoni*[8]), *Caesar Hispali vicit* in den Maffeischen Fasten um das Jahr 750; *mani* als Locativ gebilligt von Siscuna[9]), und *mane, peregri* und *peregre*; wir lesen *luuci* oder *luci* im bantischen Gesetz, dann in Verbindung mit einem Ablativ oder einer Präposition *hoc luci*[10]), *cum luci simul*[11]), *cum primo luci*[12]),

---

1) Plaut. *mil. glor.* 273.
2) Terent.-*Phormio* 95.
3) *ex Andro commigravit huc viciniae.*
4) Plaut. *most.* 1062.
5) Terent. *adelphi* 495.
6) Gell. 10, 24.
7) Hor. *epist.* 1, 8, 12. *Romae Tibur amem centones Tibure Romam.*
8) Plaut. *Capt.* 3, 5, 31. *Poenulus* 5, 2, 78. *Pseudulus* 995. *Livius* 35, 35, 1.
9) Charisius p. 203, 27.
10) Plaut. *Amphitr.* 165.
11) Plaut. *Stichus* 364.
12) Terent. *adelph.* 841.

ebenso *vespcri* oder *vespere* und *qui de vesperi vivat suo*[1]); *rúri*[2]) und *ruri*[3]); Ter. *adelph.* 542 liest Charisius (p. 142, 23) *rúre*, aber unser Text *ruri*; Plaut. *trinummus* 166 hat Nonius *rúri*, die Handschriften *rure*; *uxor rúrest*[4]), und *rure morari* inschriftlich[5]), Horaz *me rúrĕ futurum*[6]); *tempori temperi*; für *temporĕ* fehlt ein metrischer Beleg: von dem in *hes-ternus χθές* erhaltenen Stamm *heri*, dessen Länge z. B. aus dem Hiatus *héri advectus* (Plaut. *merc.* 257) folgt, kommt *herei*, corrumpirt *hercle* (*mil. glor.* 591), ebenso *here* (*Persa* 108). Quintilian[7]) hörte weder klar *e* noch *i*; in der bei Livius 1, 26, 6 überlieferten Gesetzesformel steht *infelici arbori reste suspendito.*

, 313. Es können ja die *e-* und ein Theil der *i*-Formen ablativischen Ursprungs sein, wie *terra marique* und wie der Verfasser der Duellius-Inschrift *rem navebos marid consol primos cesit* schrieb, aber darin dass die Ortsnamen, welche den Ablativ ausschliesslich auf *ĕ* bilden, regelmässig bei localer Bezeichnung auf *i* ausgeben, also mit dem Dativ zusammenfallen, liegt unverkennbar noch die Reminiscenz einer ehemals selbstständigen Casusform. Man fasst daher richtig *manĕ* als echten Locativ eines *i*-Stammes, wo das Suffix *i* im gesteigerten Stammeslaut aufgieng, und ebenso *rurĕ*, indem die consonantischen Grundformen in die *i*-Declination übertraten; daraus ward *mani* und *ruri* in regelrechter, beim Dativ dargestellter Entwicklung, anderntheils *manĕ* und *rurĕ*, worauf der verwandte Gebrauch des Ablativs von besonderem Einfluss war.

314. *Infinitive.* Es verdient auch Beachtung, dass der Infinitiv, vermutblich der Locativ erstarrter Verbalnomina, ebenso zwischen *i* und *e* schwankte in *fieri* und *ficre* wie *Tiburi* und *Tibure*; die alte Länge der Infinitivendung *generĕ* (Praescns *geno* gleich *gigno*) spürt man noch bei den Dramatikern des sechsten Jahrhunderts, Plaut. *numquam édepol vidi promeré, verum hoc erat*[8]), wo die winzige Redepause an sich eine unzulängliche Entschuldigung der gedehnten Endsilbe wäre; *quám me ad illum promitteré, nisi nollem ei advorsarier*[9]); auch in Terenzischer Betonung *male diceré,*

---

1) Plaut. *mil. glor.* 995.
2) Plaut. *mostell.* 799.
3) Terent. *Phormio* 363.
4) Plaut. *merc.* 760.
5) Orelli 7404.
6) Horat. *Epist.* 1, 7, 1.
7) Quintil. 1, 4, 8.
8) Plaut. *mil. glor.* 848.
9) Plaut. *Stichus* 513.

malefacta ne noscant sua[1]); aber gerade diese Beispiele zeigen zugleich, dass bereits die Kürze *gener?* allgemein herrschte.

Locativ Singularis der Pronomina.

315. *hic.* Vom Pronomen *hic* ward ein Locativ gebildet nach Analogie der *o*-Stämme, *heic hic*, einmal noch mit vollem Affix *me heice situm*[2]), ohne Affix *hi* auf einer christlichen Inschrift bei Boissieu 595, 55[3]), auch die Schreibung *his situs est* Orelli 5844 deutet auf eine vulgäre Aussprache der Art; ganz seltsam ist auf der alten Grabschrift des Protogenes[4]) zu lesen: *suavei heicei situst mimus*, wo die Trennung in *heic ei* zu der bestimmten Interpunction des Steines nicht passt, die Interjection auch ungebührliches Pathos hineinträgt, so dass hier ausser dem Pronomen auch das Affix in den Locativ gesetzt scheint, während bei *eapse* und *ipsa* immer nur eins der beiden Glieder declinirt wird.

Man achte auf die ziemlich häufige Verwirrung zwischen *hic* und *hinc*, welche durch die schwankende Aussprache des Nasallautes erklärt wird: wir finden *hinc sepulta est* und umgekehrt *defuctus* für *defunctus*[5]).

316. *Qui.* Das Relativpronomen hat den Locativ *quei qui*, in adverbialem Gebrauch bei Fragen *qui fit*, beim Ausruf *hercle qui ut tu praedicas cavendumist mi aps te*[6]), in *atqui* und sonst, als Casus für den Ablativ in *qui praesente*[7]) und besonders häufig *quicum* für alle Genera, *quei ab eorum quei emit*[8]); ebenso *cum quiquam*[9]), *quique liceant veneant*[10]), *ab aliqui*[11]); im Senatusconsult *de Bacch.*[12])

---

1) Terent. *Andr.* 23.
2) *Corp. inscr. lat.* 1. n° 1049.
3) Ebenso *hi iacet, Corp. inscr. lat.* 2. n° 8244.
4) *Corp. inscr. lat.* 1. n° 1297.
5) *Corp. inscr. lat.* 2. n° 2592, 4386, 4402. — 4173.
6) Plaut. *Pseudulus* 473. Ueber d. Lesart s. Fleckeisen *Kritische Miscellen* p. 28 (Dresden 1864).
7) Plaut. *Bacch.* 335.
8) *Corp. inscr. lat.* 1. 200. Z. 17. *lex agr.*
9) Plaut. *Bacch.* 17.
10) Plaut. *Menaechm.* 549.
11) Plaut. *Epidic.* 3, 1, 11.
12) *Corp. inscr. lat.* n° 196. Die ganze Stelle heisst: *sacerdos nequis vir eset, magister neque vir neque mulier quisquam eset, neve pecuniam quisquam eorum comoinem [h]abuise velet, neve magistratum neve pro magistratuo (i. e. magistratud) neque virum neque mulierem quiquam fecise velet, neve posthac inter sed comiourase neve comvovise neve conspondise neve compromesise velet neve quisquam fidem inter sed dedise velet.* Möglicherweise ist *quiquam* ein Irrthum des Graveurs für *quisquam*?

lesen wir *nece pro magistratud neque virum neque mulierem quiquam
fecise velet*; bei Plautus[1]) *qui aeque faciat confidenter quiquam quam
quae mulieres* ist *quiquam* nicht für *quicquam* zu nehmen, sondern
„in irgend einem Puncte" ·wie *gaudere aliqui me volo*[2]). · Die andern pronominalen Locative wurden beim Dativ besprochen § 290
und 294.

317. *Ansichten der Grammatiker.* Die älteren Grammatiker,
wie Celsus, der Interpret des Terenz, betrachten die Locative
schlechthin als Adverbia. Später sagt Sisenna, der Interpret des
Plautus[3]): *quaecumque nomina e littera ablativo singulari terminantur,
i littera finita adverbia fiunt*, wie *luci* und *mani*[4]).

Für die Bildung solcher Adverbia werden dann die bekannten
Regeln aufgestellt, *per genetivum cum ex primo et secundo ordine
veniunt ut Romae Beryti domi*, *cum vero tertii ordinis sunt ablativo
casu velut Carthagine.* So Charisius[5]), nach dessen Angabe die
recentiores, vielleicht die Archaisten, *Carthagini per dativum* ver-
langten. Gellius oder mit Nonius[6]) zu reden *prudentes quorum
auctoritas in obscuro est*, meinten, *die quarte* könne man von der
Zukunft brauchen, aber von der Vergangenheit *die quarto*; *ruri*
ward festgehalten in der Bedentung „auf dem Lande" und unterschieden von *rure* „vom Lande"; *peregre* soll nicht mehr als Adverb *in loco*, sondern *e loco* und *in locum* dienen.

Dativ, Ablativ, Locativ des Pluralis.

318. *Das Suffix bus.* Das Suffix des Dativ Ablativ Pluralis
im Altindischen *bhjas* erscheint im Latein zu *bos* gesunken unter
Ausdrängung des *j*, wie in *potos*, das bei *potestas* zu Grunde liegt
für *potjos potior*, wie in *minus* für *minjus*.

Stämme auf i und consonantische Stämme.

319. *Ebus und ibus, bŭs und būs.* In der dritten Declination
geht dem Suffix *bos* oder *bus* beinahe immer *i* vorher, manchmal *e*.

---

1) Plaut. *mil. glor.* 465.
2) Plaut. *trucul.* 5, 30.
3) Sisenna, der Plautusinterpret, ist nicht identisch mit dem Staats-
mann und Historiker, dem Zeitgenossen und Freund des Varro, sondern hat,
wie aus dem Fragment des Plautuscommentars hervorgeht, in der nachhadrianischen Zeit gelebt.
4) Charisius p. 203, 27 u. 223, 11.
5) Charisius p. 188, 11.
6) Non. p. 441.

So finden wir *navebos* im Jahr 494, dann *Tempestatebus* nach dem Jahr 500[1]), von Grundformen *navi* und *tempestati*, wo das helle *i* vor dem Suffix im sechsten Jahrhundert zur Geltung kommt, *Dectuninebus* in der genuesischen Tafel[2]) ist durch den fremden Namen *Dectunines* entschuldigt; die Volkssprache pflanzte die ältere Lautierung fort, z. B. *virginebus Vestalibus*[2]). Einstige Länge des Suffixes tritt nirgend mehr klar heraus, erlaubte aber dem Plautus noch Betonungen, wie: *grávida tegoribús onere ubcri*[4]), *in aédibús habitet*[5]), *cum dígitis auribús oculis labris*[6]), dergleichen bei Terenz nicht mehr vorkommen. Naevius bringt allerdings *diabathra in pedibús habebat*[7]).

320. *Consonantische Stämme.* Wie bei den *i*-Stämmen das Suffix einfach antritt in *ceivibus* oder *tribus*, so hätte auch bei consonantischem *vocbus doctorbus hominbus* gebildet werden müssen; abgesehen vom Umbrischen, wo die Dative Pluralis der consonantischen Declination sehr entstellt sind (*fratrus* und *homonus* vielleicht aus *fratrfus* wie lateinisch *potui* aus *potfui*)[8]), zeigt das Latein selbst eine solche Bildungsweise in *bóbus* und *búbus* aus *bovbus boubus*, bei Ausonius *epigramm.* 62: *cum bûbus exagites*, wie *bûbulcus* (ebd. 61), während *bovibus* nie im Gebrauch war; *sûbus* bei Lucrez[9]) erklärt sich aus unmittelbarer Anfügung von *bus* an den Stamm, *sûbus* bei demselben und in Varro's Eumeniden (*án colubrae an volvae de Albuci sûbus Athenis*) aus Contraction der ebenfalls zugelassenen Form *suibus*; *senatorbus* im *Sen. cons. de Bacch.* kann als ein Ueberbleibsel echt consonantischer Flexion gelten, obwohl in demselben Document *senatoribus* zweimal und *mulieribus*[10]) folgt. Für gewöhnlich nemlich nehmen alle consonantischen Stämme in diesem Casus die *i*-Form an, *cordibus operibus nivibus* u. s. w.

321. *Schwund des s.* Das *s* der Endung schwindet vor Con-

---

1) *Corp. inscr. lat.* 1. nᵒ 195 (p. 88 gefälschte Duelliusinschrift) u. nᵒ 32 (Scipionengrabschrift).
2) *Corp. inscr. lat.* 1. nᵒ 199, Z. 39, p. 73.
3) Jahn, *specimen epigr.* p. 28, 29.
4) Plaut. *Pseud.* 198.
5) Plaut. *most.* 402.
6) Plaut. *most.* 1118.
7) Naevius. *tragoed.* 57 Ribbeck (2. Aufl.)
8) S. übrigens Merguet: *Die Entwickelung der lat. Formenbildung* p. 191.
9) Lucr. 6. 974: *nam sdetigeris sûbus acre venenumst.* 977: *taeterrima cum sit ‖ spurcities, eadem sûbus haec iucunda videtur.* 5, 969: *saetigerisque pares sûbus.*
10) *Corp. inscr. lat.* 1. nᵒ 196 Z. 6 — Z. 9, 18 — Z. 20 (p. 43).

sonanten bis gegen das Jahr 700; wie wir in einer dactylischen Monodie des Ennius finden: *et fera velivolantibu navibu complebit manu litora*[1]), und bei Lucrez *ex omnibu rebus*[2]); in der vorennianischen Metrik geschieht dies wohl auch vor Vocalen, z. B. *dedét Tempestátebus aide mereto[d vótam*[3]), wo aller Wahrscheinlichkeit nach mit *aide* die zweite Vershälfte begann, dann aber ein daktylischer Schluss der ersten unrhythmisch ist; ebenso wäre bei Plautus *nám exaedificavisset me ex his aédibus apsque te foret*[4]) ein unerträglicher Dactylus statt des Trochäus. — Oder soll man an einsilbige Aussprache von *ibus* denken, wie sie für *tibi* feststeht, so dass das Latein vor dem Beginn der Litteratur die Bahn betreten, welche im oskischen Dat. Pluralis auf *iss* durchmessen scheint?

Solche Verschleifung trifft am ersten vielgebrauchte Wörter wie *omnibus*[5]); Plautus *Stich.* 684 schreiben die Handschriften *omnib* oder *omnibus modis*, wo der Vers *ómnimodis* nöthig macht; dieses Adverb entstand, wie die Analogieen lehren, durch das Medium *omnis modis*.

322. *ibus und is.* Der Wechsel von *is* und *ibus* bei verschiedener Grundform hat hiemit nichts gemein: Dativ *Thermensis* findet sich in der *lex Antonia* zum Genetiv *Thermensorum* neben *Thermesium* wie umgekehrt *Odiatibus et Dectunincbus et Cavaturines et Mentovines*[6]) im genueser Schiedsspruch für *Dectunines; moeniis* und *iliis* von *io-* statt *i*-Stämmen, regelmässig *poematis epigrammatis aenigmatis*[7]).

u-Stämme.

323. Die u-Stämme setzen *bus* an, *acubus specubus portubus*, schwächen aber meist den Vocal vor dem Suffix zu *i, manibus domibus*. Diese Form ist ausschliesslich angewandt bei den Verbalnomina *fluctibus fructibus questibus*, geht neben der u-Form regelmässig oder vorwiegend her in *lacibus genibus quinquatribus* und fast allen andern, fehlt, wenn man überhaupt selten vorkommende Dative mit *u* nicht einrechnet, blos bei *tribubus* und *arcubus*. Die Schreibug mit *u* oder *i* ist insofern unwesentlich,

1) Ennius *trag.* 69. ed. Vahlen. ·
2) Lucr. 1, 160.
3) *Corp. inscr. lat.* 1. n° 32.
4) Plaut. *mil. glor.* 1127.
5) Plaut. *Menaechm.* 931.
6) *Corp. inscr. lat.* 1. n° 201 Z. 9, 27, 2 p. 114; n° 199 Z. 39. p. 73.
7) Gruter p. 406 n° 1. Z. 34. Celsius 4, 1 p. 122, 35. ed. Daremberg. —
Plaut. *asin.* 174: *nám neque fictum usquámst neque pictum néque scriptum in poëmatis.* cf. Charisius 53, 12 (Keil).

als sie nur den Mittelton, der in diesen Wörtern gehört ward, wie in *optumus optimus*, nach der einen oder andern Seite bestimmter ausprägt.

324. *Grammatiker.* In der hadrianischen Zeit klang der Ton mehr hell als dumpf und Scaurus p. 2259 verwirft die von andern aufgestellte Unterscheidung von *artibus* Stamm *art* und *artubus* Stamm *artu* mit der Bemerkung: *vox scribenda quomodo et sonat, nemo autem tam insulse per u artubus dixerit.* Die späteren Grammatiker aber, ohne Verständniss für die lediglich orthoëpische Natur dieser Frage, distinguieren scharf *artubus partubus arcubus* von *artibus partibus arcibus* [1]). — Von den Grammatikern hängen unsere Texte ab; bei Horaz steht: *vi vocata partubus ; Lucinareris affuit* [2]); *motus doceri gaudet Ionicos ‖ matura virgo et fingitur artibus* [3]), ersteres gegen die Regel aller Verbalia, das zweite schwankt, jenachdem die Alten „Künste" oder „Glieder" verstanden.

a- e- o-Stämme.

325. *a-Stämme.* Die ursprünglichen a-Stämme dehnen den Vocal vor dem Suffix, oder vielmehr sie wahren die ursprüngliche Länge, *duabus ambabus.* Diese Bildung erhielt sich nur zur Unterscheidung des weiblichen Geschlechts vom männlichen in *dis deabusque, filiis et filiabus, libertis et libertabus,* während sonst auch von Weibern *libertis* gesagt ward, wo der Zusammenhang vor Missverständniss und Zweideutigkeit schützte. Vor dem sechsten Jahrhundert hatte jene Bildung weit grösseren Umfang, *manibus dextrabus* bei Livius Andronicus [4]), *gnatabus* bei Plautus [5]), *puellabus portubus oleabus, pro duabus pudicabus, ex raptabus, cum aliis paucabus* mit sonderbarer Alterthümelei beim Historiker Gellius [6]); Plebejer bildeten *Nymphabus* auf Inschriften nach *deabus* [7]); die

---

1) Pseudopalaemon p. 1371 nach dem Text von Putsche schreibt sogar die Form *victubus* zum Unterschied von *ritibus* vor. Doch liest Keil (V. p. 537, 27) wohl mit Recht *ritus* ohne e, *ritu, ritubus,* wie der Vergleich mit *Probus instituta artium* p. 116, 22, *Appendix* p. 193, 24 beweist; es handelt sich nicht um *rictus,* aber er hätte *haec ritus* und nicht *hic* setzen müssen; *vitus,* ein sehr seltenes Wort, das in den meisten Lexica fehlt, entspricht dem griechischen *ϊτυς, ϊτυς.*

2) Hor. *Epod.* 5, 6.

3) Hor. *carm.* 3, 6, 22.

4) Nonius p. 493.

5) Priscian Z. 11. p. 293, 20 (Hertz).

6) Charisius p. 54, 13.

7) Orelli 1628: *ex voto nymfabus d. d.;* 1629: *dominis nymphabus.*

kupferne Latinität hat *mimabus equabus animabus*[1]) nach *filiabus* und *libertabus*; auf den rheinischen Matronensteinen findet sich *matribus Gabiabus, matronis Vatriabus Afliabus Garadiabus*[2]) und dergleichen so häufig, dass man den Grund davon nur in der Aehnlichkeit altgallischer Formen suchen kann; daher ist sogar *matrabus*[3]) zu erklären, was irgend einer zu *matris Eburnicis*[4]) latinisiert.

326. *e-Stämme.* Von *e*-Stämmen gehören nur *diebus* und *rebus* der lebendig schaffenden Sprache an, für *speciebus* der Verfallzeit behilft sich Cicero mit *formis, spebus* bei Ekklesiastikern lautet bei Varro *speribus*, die alten Juristen hätten den Digestentitel *de superficiebus* in *superficiis* corrigiert.

327. *o-Stämme.* Von *o*-Stämmen mit *bus* giebt es nur *duobus* und *ambobus*[5]). Der Komiker Novius, nach Nonius p. 500, schreibt *duo verbis* für *duobus*, woraus hervorgeht, dass das Vulgärlatein *duo* indeclinabel brauchen konnte. Schon bei Homer findet sich τῶν δύο μοιράων und in einem homerischen Hymnus (an Demeter v. 15) χεροὶν...ἄμ' ἄμφω. Eine unedirte capuanische Inschrift, welche Mommsen mittheilt, hat *parentibus ambis*.

328. *Metaplasmen.* Es ist keine organische Weiterbildung dieser Flexion, sondern eine Vertauschung der Grundformen namentlich auf *o* mit *i*-Stämmen, wenn wir auf vulgären Inschriften treffen *viis semitibusque*[6]), *dibus* und *diibus* für *dis* und *diis* ziemlich häufig, sodass diesen Metaplasmus auch Petronius[7]) seinem Bauer zueignet, *filibus*[8]), *amicibus*[9]) *sibi et suibus*[10]) und contrahiert *subus libertis*[11]); ähnlich in der älteren Litteratur *generibus* bei Attius (γαμβροῖς wie Dat. Sing. *generi*, Nom. Plur. *generes* auf afrikani-

---

1) *Animabus* kommt nur in der Vulgata und den Kirchenschriftstellern vor.

2) Orelli 2079 u. flg.

8) Orelli 2091.

4) Orelli 5935.

5) *duo* und *ambo* sind wohl alte Dualnominative, welche wie Stämme behandelt werden und daher zu unterscheiden von den gewöhnlichen *o*-Stämmen. Der Dativ-Ablativ vom Stamm *equŏ* auf *bus* würde *equŏbus* lauten, oder vielleicht nach Analogie des altindischen *açvabhyas* (a ist Diphthong) *equoibus equeibus equibus.*

6) *Berliner Monatsberichte* 1857 p. 454.

7) Petron. *sat.* 44.

8) Struve, *Ueber die lateinische Declination und Conjugation* p. 16.

9) Orelli 4681.

10) *Inscr. regn. Neap.* n° 6417.

11) Fabretti 85, 155.

schen Inschriften wie *socri tuo* bei Nävius) und bei Pomponius: *quin bono animo es, video erepsti primiter de pannibus*[1]).

Die Endung *is*.

329. *Dialectische Formen.* Die gewöhnliche Endung der *a*- und *o*-Stämme ist *īs* aus *aīs* und *oīs*, welche Diphthonge im Oskischen und Sabellischen bestehen blieben, oskisch *Diumpaís* und *ligatúís Núvlanúís*, sabellisch *seffi inom suois cnatois* (*sibi et suis gnatis*), im Umbrischen gleichermassen beide zu *ēs* sanken, *tekuries* jünger *dequrier* und *Treplanes* jünger *Treblaneir* oder *Treblanir*.

330. *Ursprung der Endung is.* Das Vorwalten und der umwaltende Einfluss des *i*-Lautes für diese Endung macht ihre Identität mit dem vorbesprochenen Suffix, die Entstehung von *silvais agrois* aus *silvabios agrobios* nicht recht glaublich; vielmehr wird man die italischen Formen gleich den griechischen ὕλαις ἀγροῖς zu erklären haben, die bekanntlich aus ὕλαισι ἀγροῖσι verkürzt sind und in denen das plurale Locativsuffix, altindisch *su* wieder gefunden ist. Das locale Adverb *foris* „vor der Thür" begünstigt diese Auffassung; schliessendes kurzes *i* fiel meist ab, griech. ἐστί italisch *est*, altlateinisch *tremonti*, dann *tremont*[2]), *postid poste post* u. a., das Zusammentreffen des Dat. Abl. Plur. nach Abrechnung des *s* mit dem Dat. Sing. *silvai agroi* wird niemanden zum Glauben an ein eigenes italisches Bildungsprincip verführen.

331. *Dativ-Ablativ Pluralis des Femininum auf as.* Die älteste lateinische Form, Anfügung des Casussuffixes an den blos gedehnten Stammvocal, bewahrt die Inschrift *devas Corniscas sacrum*[3]), gefunden in der von Festus p. 64 bezeichneten Gegend *Corniscarum divarum locus erat trans Tiberim;* sie entspricht den altattischen Dativen und Locativen ταμίασι ὥρασι Ὀλυμπίασι.

332. *Dativ-Ablativ Pluralis des Femininum auf (ais) es.* Ueblicher ward Vermehrung des Stammes durch *i*, gleichsam *devais* wie griechisch θείαισι für ursprüngliches θείασι, daraus durch Contraction zum Diphthong und dessen Trübung (griechisch θεαῖσι θεῖσι) *deves*, erhalten in der Protogenes-Inschrift[4]): *plouruma que fecit populo soveis gaudia nuges;* seit dem sechsten Jahrhundert schrieb man regelmässig *deiveis*.

1) Pompon. *atell.* 70.
2) Festus p. 205 (Müller): *prelet tremonti praetemunt pe,* d. h. *prae tet tremonti prae tremunt te.*
3) *Corp. inscr. lat.* 1. n° 814.
4) *Corp. inscr. lat.* 1. n° 1297.

333. *Dativ-Ablativ Pluralis des Masculinum auf (ois) es.* Die *o*-Stämme schalten ebenso ein *i* zwischen den Endvocal und das *s* der Endung ein; den alten Diphthong weisen zwei Glossen des Festus nach, *ab olocs* und *privicloes* (verschrieben *priviclio es*)[1], wie *ἐκείνοις* und *ἑκάστοις*; die Endung *es* ist nur in den fremden Namen *Cavaturines et Mentovines* der genuesischen Tafel, die sonst *invitis* und *inviteis*[2]) schreibt.

334. *Kürzung der Endsilbe.* Bei den *o*-Stämmen scheint schneller als bei denen auf *a* der Diphthong zum einfachen Vocal geschmolzen, nach der Verstümmelung in plautinischen Anapästen zu schliessen, *bonīs mīs quid foret*[3]) (einsilbiges *mieis* in der Scipionengrabschrift n° 33, ähnlich *soveis*, *sis* und *tis* für *tvis*), *dolis dóctis*[4]), *virīs cúm summis*[5]), in den Verbindungen *multis modis* und *miris modis*, wie bei den Dramatikern durchweg überliefert ist statt *multimodis* und *mirīmodis*[6]), wozu Cicero[7]) wohl aus Nävius und Ennius *tectī' fractis* und *vas' argenteis* oder *palm' et crinibus* beizufügen wusste. Dem that die dactylische Verskunst Einhalt, die Länge der Endung bleibt Gesetz und wird seit dem Ende des siebenten Jahrhunderts regelmässig durch *cis* ausgedrückt.

335. *Schreibung eis und is.* Die Schreibung *eis* sowohl von *a*- als *o*-Stämmen findet sich in zahllosen Beispielen: *vieis tableis noneis scribeis incoleis controvorsieis inferieis leibereis liberteis loceis conciliaboleis sublegundeis crasseis aesculnieis comitieis moinicipieis meeis*[8]); in diesem Casus allein bieten noch die augusteischen Urkunden, das Monument von Ancyra, die Triumphalfasten, die Leichenrede der Murdia den sonst ausgemerzten Mischlaut *ei*; das *mon. Ancyr.* (vom Jahr 767) in *Dalmáteis, quadrigeis, emeriteis stipendīs* neben dem weit häufigeren *is*[9]). — Auch in den Handschriften ist *eis* nicht selten, im Ambrosianus des Plautus z. B. *merc.* 479 *tueis ingratieis*, in den Medicei von Ciceros Briefen *ludeis Marseis lateis*, dann wieder bei Fronto *caerimonieis roteis* u. a., mitunter corrumpiert wie *taleis* in *taliis*[10]). Durch das Schwanken

---

1) Festus p. 19, 205 (Müller).
2) *Corp. inscr. lat.* 1. n° 199. Z. 39—40 p. 73.
3) Plaut. *trin.* 822.
4) Plaut. *Bacch.* 1095.
5) Plaut. *Pseudulus* 174.
6) Cf. Plaut. *trin.* 931. *Bacch.* 385. *Persa* 706. Ter. *Andr.* 939.
7) Cic. *orat.* § 153.
8) Hübner, *Index Córp.* 1. p. 604.
9) *Mon. Ancyr.* ed. Mommsen p. 140.
10) Plaut. *mil glor.* 165.

zwischen *is* und *eis* scheint entstanden *Lumphicis*[1]) = Νέμφαις um das Jahr 700, *sacrieis* nach dem Jahr 732 bei Ritschl *priscae latinitatis monumenta Tab.* 77 II.; wozu derselbe *ingenuiIs* von einer plebejischen Inschrift[2]) stellt, zweimal *sibi et suieis*[3]).

Stämme auf *io, ia*.

336. *Inschriften.* Geht *i* der Endung *is* voraus, so kann es durch Contraction in der Endung aufgehen, im *mon. Ancyr. provincis* (die in solchen Fällen häufige Verlängerung des *i* über die Zeile hinaus ist das gewöhnliche Zeichen prosodischer Länge) und *colonis* (für *coloniis*) neben *manibiis, municipis* und *municipiis, consiliis iudiciis* aber *auspicis stipendis collaticis,* im *elogium* 34 *proelis* neben *copiis,* 29 *victoris;* Maffei *mus. Veron.* 221, 4 *iurgis,* in der Kaiserzeit auf ganz correcten Urkunden, wie überaus oft in unsern Handschriften. Ebenso verschlingt *eis* bis auf Augustus das vorhergehende *i, coloneis* wiederholt in der *lex Iulia municipalis* vom Nom. Sing. *colonia* wie anderswo vom Nom. Sing. *colonus.* Inschriftlich findet sich *oficeis*[4]), auch *Salluvcis*[5]) neben *Bruttieis Messapieis,* wie in den Handschriften Nom. Plur. *Salluvi* oder *Salui* (Gen. *Salluviorum* Acc. *Salluvios*).

Aber auf späteren Inschriften *macereis*[6]) oder *ostcis*[7]), im Digestencodex *doleis* für *doliis* sind nicht aus Contraction, sondern aus vulgärer Assimilation wie *ascea* für *ascia* herzuleiten.

337. *Schriftsteller.* Die Litteratur nahm die zusammengezogene Form an in *deis* oder *dis* (*ab deis* in A, *a dis* in B C D Plaut. *Stich.* 296, *dis mon. Ancyr.* 1, 26 und etwas früher *Corp. inscr. lat.* 1. n° 639, für älteres *deis* n° 1241, zu metrischem Bedarf auch zweisilbiges *deis* oder *diis*)[8]); Plautus erlaubt sich, von *deis* und *meis* abgesehen, die zusammengezogene Form lediglich in Anapästen, in Canticis wie *Bacch.* 1206 *filis fecere insidias, trin.* 1116 *voluptátibu gaudisque antepotens,* ib. 242 *nam qui amat quod amat quom éxtemplo savis sagitatis pércussust* (was für den einen Recensor doch ein gar zu absonderlicher Versbau war); *gratiis* und *ingratiis* war stets drei- und viersilbig bei den Scenikern, während

---

1) *Corp. inscr. lat.* 1. n° 1238.
2) *Corp. inscr. lat.* 1. n° 1492.
3) *Corp. inscr. lat.* 1. n° 1042 und 1460.
4) *Corp. inscr. lat.* 1. n° 1050.
5) *Corp. inscr. lat.* 1. p. 460.
6) Fabretti 223, 595.
7) Gori 1, 58, 140.
8) Catull. 4, 22, wohl ältestes Beispiel.

Lucrez und spätere die Contraction der damaligen Umgangssprache adoptierten; *nonis Iunis* bei Ennius[1]) erscheint unglaublich, eher dürfte man *Iuncicis* zulassen. Vergil hat einmal *taenis*, Seneca dann *supplicis* und *exilis*, Martial *denaris*[2]) wiederholt und selbst beim Adjectiv *Vipsanis columnis*[3]); nach der Seltenheit solcher unantastbarer Beweise muss *filis* und ähnliches bei Schriftstellern vor dem aehten Jahrhundert für unzulässig, bei späteren immerhin für bedenklich gelten.

Locativischer Gebrauch.

338. Beide Suffixe fungieren locativisch, indem die Dativbildung der einzelnen Grundformen hierfür maassgebend ist: *Italici quei Argeis negotiantur*[4]) und *Athenis* von *o-* und *a-*Stämmen wie *foris*, *Sardibus* vom *i-*Stamm etwa wie singularisch *ibe*.

Dativ Ablativ Pluralis des Pronomen.

339. *Persönliche Pronomina.* Beim persönlichen Pronomen, wo die verwandten Sprachen das Dativsuffix des Singulars anwenden (ἡμῖν ὑμῖν wie ἐμίν), vermehrt das Latein die Endung des Singulars *bei* oder *bi* mit dem Pluralzeichen *s*. Der Stamm *nos*, *vos* büsst sein *s* vor dem Suffix ein wie in *vople*, der Vocal wird gedehnt. So wird *nobeis*, wie herzustellen ist in dem verlorenen *Senatus consultum de Tiburtibus: nosque ea ita audiveramus ut vos deixsistis nobeis nontiata esse; vobeis* ebendaselbst und schon im *Senatus consultum de Bacanalibus*[5]), dann *nobis* und *vobis*, ohne dass die Endung wie in *tibi* je abgeschwächt ward. Festus sagt: *calim dicebant antiqui pro clam, ut nis pro nobis, sam pro suam, im pro eum*[6]); ist diese Form echt, und das übrige giebt keinen Anlass zur Verdächtigung, so gieng sie vermuthlich aus *nobis* hervor durch einen ähnlichen Process wie *mihi* und *tibi* einsilbig wurden. Uebrigens sagt im dritten und vierten Jahrhundert das Volk *voscum*[7]). — Für das Reflexivum dient *sibi* auch im Plural.

---

1) Ennius ann. 167. Vahlen.
2) Vergil. Aen. 5, 269. Seneca *Medea* 1015, *Phoenissae* 625, *Martialis* 1, 118, 17. — 9, 101, 1 u. 9.
3) Lachmann zu *Lucrez* p. 279.
4) *Corp. inscr. lat.* 1. n° 595.
5) *Corp. inscr. lat.* 1. n° 201 p. 107 u. n° 196 p. 43.
6) Festus ed. Müller p. 47. Müller liest *callim*.
7) *Probi appendix, Grammatici latini* (Keil) 4 p. 199: *vobiscum non voscum*

340. *Is.* Der Pronominalstamm *i*- bildet für Masculinum und
Neutrum *ibus* von Plautus bis auf Lucrez, erst mit langem *i*, z. B.:
latrónes ibus dinumerem stipendium[1]), dann mit kurzem, z. B.: *neque
quicquam a tergo ïbus obstet*[2]). Das Femininum *eabus* findet sich
bei Cato[3]) und Hemina[4]). Gewöhnlich folgt dies Pronomen der
Bildung der *a*- und *o*-Stämme : *eieis* mit langer Stammsilbe findet
sich noch zweimal im *Senatus consultum de Tiburtibus* (das eine Mal
las Visconti freilich *ieis*), daher wahrscheinlich auch Plautus *quid
éis preti detur*[5]) schreiben konnte, aber schwerlich ausser den Canticis, daraus verkürzt *eeis* schon im *Senatus consultum de Bacanalibus*, häufig bis in die augusteische Zeit *ieis*[6]), welchen Formen
der in unseren Handschriften *eis* oder *iis* geschriebene Jambus
an einigen Stellen des Plautus entspricht. Am üblichsten ist die
Contraction *eis* einsilbig, wie sie sich regelmässig bei den Scenikern, stets bei Lucrez findet, gleichviel ob man sie *eis* schrieb oder
is, wie einmal inschriftlich[7]), öfter in Handschriften.

Erst unter Augustus finden wir die Form *iis* aus *ieis*, durchweg mit *i longa* geschrieben, im *mon. Ancyr.*, im *elogium* 29,
in Verrius Fasten zum 2. Januar und 1. April[8]). Nach Analogie
von *is* wird *idem* behandelt, *eisdem* oder *isdem* zweisilbig, selten
dreisilbig: *dat ëisdem* kommt bei Juvenal vor[9]), *in iisdem diebus*
in der *lex Iulia municipalis*[10]) Zeile 5, nachdem Zeile 3 *isdem diebus*
vorhergieng.

341. *Stamm sa.* Vom Pronominalstamm *sa* finden wir in
Ciceros Gesetzestafel *sisque adparento*[11]).

342. *Hic.* Die Form *hibus* ist für Plautus *Curculio* 506 bezeugt als Masculinum: *parissumi estis hibus* mit langem *i*, auch
von Varro anerkannt; doch die gewöhnliche Form des Dativ-Ablativ
ist *his*; in der *lex repetundarum* findet sich *heisce*[12]).

343. *Qui.* Beim Relativum gilt *quïbus* auch für das Femi-

1) Plaut. *mil. glor.* 74.
2) Lucr. 2. 88. Lachmann zu *Lucr.* p. 262.
3) Cato *de re rustica* 152.
4) Priscian 7, 11. p. 294, 4 (Keil).
5) Plaut. *Menaechm.* 972.
6) *Corp. inscr. lat.* 1. *elog.* 82.
7) *Corp. inscr. lat.* 1. n° 198 (*lex repetundarum*) Z. 48 p. 61.
8) *mon. Ancyr.* ed. Mommsen 1, 18. *Corp. inscr. lat.* 1. p. 288 u. 312.
9) Juvenalis 14, 30.
10) *Corp. inscr. lat.* 1. n° 206 p. 120.
11) Cic. *de leg.* 2 § 21.
12) *Corp. inscr. lat.* 1. n° 198 Z. 8 p. 58.

ninum, daneben *quis* noch in Priscians Zeit, in unsern Texten wiederholt *queis* geschrieben auch nach Augustus. Die ältern Inschriften geben nirgends diese Form, welche Festus dem Nom. Plur. *qui* vergleicht, wie *quibus* dem Nom. Plur. *ques*, aber eine britannische bringt *ex quis muneribus* [1]); ebenso eine metrisch gefasste spanische: *legio quis est septima* [2]); desgleichen ist bei den alten Scenikern die kürzere Form höchst selten überliefert [3]), obgleich sie für den Vers an hundert Stellen weit bequemer wäre, wie Plaut. *Bacch.* 1081 *quibus video*, 584 *quibuscum haberes rem*; Terent. *adelph.* 822 *ex quibus*, wo Bentley ohne Noth *quibus ex* corrigierte. Auch in Prosa trifft man *quis* und *aliquis* neben *quibus* und *aliquibus*.

334. *ille etc.* Bei den übrigen Pronomina finden wir *olleis* aus altem *oloes* und *olaes*, *illeis illis*, *alieis aliis;* Formen auf *bus*, wie *illibus ipsibus* sollen einst häufig gewesen sein. (Sergius zu Donat p. 545, 13 und 548, 1 [Keil]).

---

1) Orelli 5863.
2) *Corp. inscr. lat.* 2. n° 2660.
3) Plaut. *mostell.* 1040.